JANVIER 1866

CINQUIÈME SUPPLÉMENT

AU

CATALOGUE

DE FONDS ET D'ASSORTIMENT

COMPRENANT LES ÉDITIONS PUBLIÉES DANS LES ANNÉES 1862, 1863, 1864 ET 1865

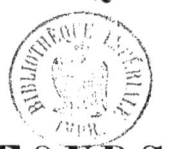

N° D'ORDRE	TITRES DES GRAVURES	NOMS DES PEINTRES	GRAVEURS	HAUTEUR	LARGEUR	PRIX EN NOIR	COULEUR
				CENTIMÈT.		fr. c.	fr. c.
	GRAVURES						
4746	**Henri III et le Duc de Guise.** (D'après le tableau original appartenant au musée du Luxembourg)............... « Ils se rencontrèrent au pied du grand escalier du château de Blois avant d'aller ensemble à l'église Saint-Sauveur 22 décembre 1588. »	P. C. Comte.	Gautier.				
	Épreuves avec la lettre sur blanc.	—	—	58	87	100 »	» »
	— — sur chine.	—	—			120 »	» »
	— — avant la lettre sur blanc.	—	—			200 »	» »
	— — sur chine.	—	—			250 »	» »
4747	**Les Vacances.**...............	Trayer.	Annedouche.	60	80	50 »	90 »
4748	**Naples au XIV° siècle.** (Promenade des fiancés autour du Golfe).....	A. Gendron.	A. Ledoux.	56	80	50 »	90 »
4749	**Rome au XVI° siècle.** (Le cardinal Bembo accompagné de sa nièce, visite les fouilles faites dans la campagne)............... (Suite et pendants aux n°° 4056 et 4057 du premier Supplément.)			56	80	50 »	90 »

N° D'ORDRE	TITRES DES GRAVURES	NOMS DES PEINTRES	GRAVEURS	HAUTEUR	LARGEUR	PRIX EN NOIR	COULEUR
				CENTIMÈT.		fr. c.	fr. c.
4750	Beethoven chez Mozart..........	H. Merle.	Allais.	65 90		80 »	160 »
4751	Dernière pensée de Weber........	Hamman.	Varin.	65 90		80 »	160 »
	(Faisant suite et pendants aux n°° 4054 et 4055 du premier Supplément.)						
4752	Luther affichant ses 95 Thèses à Vittemberg (en 1517)....	P. Laboughère.	Girard.	62 90		80 »	160 »
4753	Luther brûlant la bulle du Pape à Vittemberg (en 1520).	—	—	62 90		80 »	160 »
4754	Rouget de Lisle...........	J. Pils.	Cottin.	65 82		80 »	160 »
	« Il chante pour la première fois la *Marseillaise* devant Dietrick, maire de Strasbourg et sa famille (1792). »						
4755	Shakespeare lisant Hamlet à sa famille........	Hamman.	Allais.	65 90		60 »	100 »
4756	Le Dante à Ravenne............	—	—	65 90		60 »	100 »
4757	Belle réponse de Cornélie, mère des Gracques....	Schopin.	Allais.	56 85		60 »	100 »
4758	Éducation d'Alcibiade...........	—	—	56 85		60 »	100 »
4759	Pétrarque rencontrant Laure à la fontaine de Vaucluse.	Ch. Vauters.	Manigaud.	60 79		50 »	100 »
4760	Dante lisant ses poèmes à Béatrix........	—	—	60 79		50 »	100 »
4761	Rubens peignant la femme dite au Chapeau de paille.	N. de Keyser.	Lemoine.	50 70		40 »	70 »
4762	Van Dyck quitte Rubens pour se rendre en Italie....	—	—	50 70		40 »	70 »
4763	Mozart à Vienne. — Exécutant pour la première fois son opéra de Don Juan.	Hamman.	Lemoine.	50 70		40 »	70 »
4764	Gluck chez Marie-Antoinette à Trianon........	—	—	50 70		40 »	70 »
	(Réductions des n°° 16 et 17 du Catalogue et 4054 à 4055 du premier Supplément.)						
4765	La Demande en Mariage...........	H. Merle.	Cottin.	50 67		50 »	55 »
4766	La Visite des Grands-Parents........	—	A. Annedouche.	50 67		50 »	55 »
	(Suite et pendants aux n°° 35 et 36 du Catalogue.)						
4767	James Watt..............	Dillemacher.	A. Ledoux.	46 60		25 »	50 »
4768	Guttemberg...............	—	—	46 60		25 »	50 »
4769	Enfance de Grétry...........	Faustin Besson.	Alex. Jazet.	50 80		20 »	40 »
4770	Jeunesse de Callot...........	—	—	50 80		20 »	40 »
4771	Gentil-Bernard lisant son poème : *l'Art d'aimer*.......	Faustin Besson.	Alex. Jazet.	46 72		20 »	40 »
4772	Gresset composant son poème *Vert-Vert*........	—	—	46 72		20 »	40 »
	(Suite et pendants aux n°° 63, 64 du Catalogue 4489 et 4490 du quatrième Supplément.)						
4773	Florence au XV° siècle. (Repos du dimanche, scène florentine sous les Médicis, 1450).	A. Gendron.	Lemoine.	42 61		20 »	40 »
4774	Venise. Jeunes Patriciennes achetant des étoffes à un marchand levantin....	—	—	42 61		20 »	40 »
	(Réductions des n°° 4056 et 4057 du premier supplément.)						
4775	Cléopâtre, reine d'Égypte........	H. Schopin.	Jazet.	56 64		20 »	40 »
4776	Bûcher de Sardanapale........	—	—	56 64		20 »	40 »
	(Réductions des n°° 5 et 8 du Catalogue et pendants aux n°° 4233 et 4234 du deuxième Supplément.)						
4777	Boucher faisant le portrait de Madame de Pompadour.	Mes.	Manigaud.	47 67		20 »	40 »
4778	Henri II et Diane de Poitiers dans l'atelier de Jean Goujon.	—	—	47 67		20 »	40 »
4779	L'Arioste lisant ses poésies au duc de Ferrare et au Titien.	Sieurac.	Cottin.	48 66		20 »	40 »
4780	François de Médicis offrant des présents à la belle Bianca Capello.	—	—	48 66		20 »	40 »
4781	La Leçon d'anatomie...........	Rembrandt.	Cornilliet.	45 60		20 »	» »
4782	Le Bonheur de la famille..........	Hunin.	A. Cornilliet.	37 54		18 »	36 »
4783	L'Explication de la Bible........	—	—	37 54		18 »	36 »
4784	La Demande en Mariage........	H. Merle.	A. Annedouche.	37 54		18 »	36 »
4785	La Visite des Grands-Parents........	—	—	37 54		18 »	36 »
	(Réductions des n°° 35 et 36 du Catalogue 4765 et 4766 du cinquième Supplément.)						

N° d'ordre	TITRES DES GRAVURES	PEINTRES	GRAVEURS	HAUTEUR	LARGEUR	PRIX NOIR	PRIX COULEUR
				CENTIMÈT.		fr. c.	fr. c.
	FORMAT EN HAUTEUR						
4786	Milton dictant son Paradis Perdu à ses filles	DE KEYSER.	CORNILLIET.	60	49	40 »	80 »
4787	Le Tasse, à son retour de Rome, est reconnu par sa sœur	—	—	60	49	40 »	80 »
4788	Vrai Bonheur	DE KEYSER.	CORNILLIET.	59	48	30 »	60 »
4789	Le Retour des Hirondelles	BROCHART.	A. ANNEDOUCHE.	57	45	20 »	40 »
4790	Joies Maternelles. (La Mère)	CH. MOREAU.	P. GIRARDET.	52	41	20 »	40 »
4791	Joies Maternelles. (La Fille)	TRAYER.	—	52	41	20 »	40 »
4792	Innocence	CH. MOREAU.	MANIGAUD.	50	38	16 »	32 »
4793	Défiance	—	—	50	38	16 »	32 »
4794	La Prière	H. HOLFELD.	JOUANIN.	45	29	15 »	30 »
4795	L'Étude	—	—	45	29	15 »	30 »
4796	Pardon	H. MERLE.	LEMOINE.	40	52	12 »	24 »
4797	Récompense	—	—	40	52	12 »	24 »
4798	Christian Maiden. (Gravure anglaise)	H. MERLE.	HENRI COUSINS.	44	55	27 »	40 »
4799	Tight Cork	VERHEYDEN.	BARLOW.	17	15	5 »	10 »

SUJETS BIBLIQUES ET RELIGIEUX
FORMAT EN LARGEUR

N° d'ordre	TITRES DES GRAVURES	PEINTRES	GRAVEURS	HAUTEUR	LARGEUR	PRIX NOIR	PRIX COULEUR
4800	David dans le camp de Saül	SCHOPIN.	MANIGAUD.	52	67	20 »	40 »
	« David, arrivé jusqu'à la tente du Roi, prit la lance et la coupe qui étaient au chevet de Saül et il s'en alla avec Abisaï, sans que personne les vît. » (LES ROIS, liv. 1er, chap. XXVI.)						
4801	Samson et Dalila	—	—	52	67	20 »	40 »
	« Pendant le sommeil de Samson, Dalila lui fit raser la chevelure, après quoi, elle le livra aux Philistins, car sa force l'abandonna au même instant. » (LES JUGES, ch. XVII, v 19.) (Suite et pendants aux n°s 198 et 199 du Catalogue.)						
4802	Rébecca et Éliézer	H. SCHOPIN.	ROLLET.	41	58	20 »	40 »
	« Éliézer, chargé par Abraham d'aller en Mésopotamie chercher une femme pour son fils Isaac, arrive à une fontaine de la ville de Nachor et demande à boire à Rébecca, qui s'y trouvait au milieu de ses compagnes. »						
4803	Éliézer chez Bathuel	—	—	41	58	20 »	40 »
	« Éliézer, amené par Laban, frère de Rébecca, dans la maison de Bathuel, leur père, donne des bijoux à Rébecca et distribue des vases précieux et de riches vêtements à toutes les personnes de la famille. » (GENÈSE, ch. XXIV.)						
4804	Joseph vendu par ses frères	—	—	41	58	20 »	40 »
	« Alors Juda dit à ses frères : « Que nous servira d'avoir tué notre frère et d'avoir « caché sa mort ? Il vaut mieux le vendre à ces Ismaélites et ne point souiller nos mains « de son sang. » Et ils le vendirent vingt pièces d'argent aux Ismaélites, qui l'emmenèrent en Egypte. » (GENÈSE, ch. XXXVII.)						
4805	Désespoir de Jacob	—	—	41	58	20 »	40 »
	« Voici une robe que nous avons trouvée, voyez si ce n'est pas celle de votre fils ou non. » Le père, l'ayant reconnue, dit : « C'est la robe de mon fils ; une bête cruelle l'a dé-« voré ! » Alors tous ses enfants s'assemblèrent pour tâcher de soulager sa douleur. » (GENÈSE, ch. XXXVII.) (Réductions des n°s 173, 174, 175, 176 du Catalogue.)						
4806	Jésus présenté au Temple	BLONDEL.	CORNILLIET.	45	60	15 »	30 »
4807	Adoration des Mages	—	—	45	60	15 »	30 »
4808	Jésus chassant les marchands du Temple	—	—	45	60	15 »	30 »
4809	La Pêche miraculeuse	—	—	45	60	15 »	30 »
4810	Jésus endormi au milieu de la Tempête	—	—	45	60	15 »	30 »
4811	Jésus montant au Calvaire	—	—	45	60	15 »	30 »
4812	Le Sommeil de l'Enfant Jésus	H. HOLFELD.	A. LEROUX.	28	44	12 »	24 »
4813	Le Songe de saint Jean-Baptiste	—	—	28	44	12 »	24 »

N° D'ORDRE	TITRES DES GRAVURES	NOMS DES		HAUTEUR	LARGEUR	PRIX EN	
		PEINTRES	GRAVEURS			NOIR	COULEUR
				CENTIMÈT.		fr. c.	fr. c.
	FORMAT EN HAUTEUR						
4814	Saint Joseph et l'Enfant Jésus. (Buste)	Murillo.	Cottin	48	37	15 »	30 »
4815	Marie Mère de Dieu	—	—	48	37	15 »	30 »
4816	Immaculée Conception. (Musée du Louvre)	—	—	48	37	15 »	30 »
4817	La Très-Sainte Vierge, dite de Séville. (Musée du Louvre)	—	Allais	48	37	15 »	30 »
4818	La Sainte Famille, dite de François Ier	Raphael.	Geoffroy	48	37	15 »	30 »
4819	Notre-Dame du Mont-Carmel	Murillo.	—	48	37	15 »	30 »
4820	Saint Joseph et l'Enfant Jésus. (En pied)	—	—	48	37	15 »	30 »
4821	Mater Dolorosa	—	Varin	48	37	15 »	30 »
4822	Descente de Croix	Rubens.	Cornillier	48	37	15 »	30 »
4823	Laissez venir à moi les petits Enfants	Lafon.	Geoffroy	48	37	15 »	30 »
4824	Faith (La Foi). Gravure anglaise	E. D. Palmer.	Artleet	50	22	15 50	» »
	VUES						
4825	Paris. (Panorama de tous ses monuments, jardins, promenades, pris sous un aspect nouveau.)	Guesnu.	Guesnu	53	84	15 »	30 »

N° D'ORDRE	TITRES DES GRAVURES	PEINTRES	GRAVEURS	HAUTEUR	LARGEUR	PRIX SUR	
						BLANC avec LA LETTRE	CHINE avec LA LETTRE
	GRAVURES AU BURIN						
4826	S. A. I. l'Impératrice Eugénie	Winterhalter.	Weber	27	32	20 »	40 »
4827	Vierge à la Chaise	Raphael.	Calamatta	32	32	30 »	40 »
4828	Pépita	Ch. Moreau.	Ch. Geoffroy	31	24	» »	9 »
4829	Madeleine	—	—	31	24	» »	9 »
4830	Révélations	Chaplin.	Ch. Geoffroy	33	24	» »	9 »
4831	Méditations	—	—	33	24	» »	9 »
4832	La Madona della Scala. (Musée de Parme)	Corrège.	G. Biot	30	22	12 »	15 »
	GALERIE CONTEMPORAINE						
4833	Napoléon III, empereur	Metzmacher.	Metzmacher	22	15	» »	2 25
4834	S. A. I. l'Impératrice Eugénie	—	—	22	15	» »	2 25
4835	S. S. le Pape Pie IX	—	—	22	15	» »	2 25
4836	Léopold Ier, roi des Belges	—	—	22	15	» »	2 25
4837	Victor-Emmanuel	—	—	22	15	» »	2 25
4838	Le Prince de Galles	—	—	22	15	» »	2 25
4839	La Princesse de Galles	—	—	22	15	» »	2 25

N° D'ORDRE	TITRES DES LITHOGRAPHIES	NOMS DES PEINTRES	LITHOGRAPHES	HAUTEUR	LARGEUR	PRIX EN NOIR	REH	COUL'
				CENTIMÈT.		fr. c.	fr. c.	fr. c.

LITHOGRAPHIES

BATAILLES

4840	Prise de la tour Malakoff. (Musée de Versailles)...	A. Yvon.	S. Tessier.	61	91	50 »	» »	60 »
4841	Bataille de Solférino. (Musée de Versailles)........	—	—	61	91	50 »	» »	60 »

GUERRE DE L'INDÉPENDANCE GRECQUE

4842	Les Femmes Souliotes...................	Demesville.	Régnier	37	53	6 »	8 »	» »
4843	Serment des Grecs....................	—	—	37	53	6 »	8 »	» »
4844	Mort de Botzaris.....................	—	—	37	53	6 »	8 »	» »
4845	Prise de Missolonghi...................	—	—	37	53	6 »	8 »	» »
4846	Prise de Puebla par l'armée française sous les ordres du Maréchal Forey. (17 mai 1863)............. (Suite aux n°s 4245 à 4248 du deuxième Supplément.)	V. Adam.	V. Adam	35	56	4 »	» »	6 »

SUJETS DE FANTAISIE

FORMAT EN LARGEUR

4847	Chasse en Plaine. (Singes et Chiens poursuivant un chat).... (Joli sujet comique, pendant du n° 4590, la Course au Clocher.)	Martinus.	Régnier	36	71	» »	» »	15 »
4848	Un Buffet de chemin de fer................	Droz.	Régnier	44	59	8 »	» »	12 »
4849	Train de Plaisir......................	Linder.	—	44	59	8 »	» »	12 »
4850	Le Départ des émigrants.................	Vion.	Schultz	41	55	8 »	» »	12 »
4851	Le Retour au pays....................	—	—	41	55	8 »	» »	12 »
4852	Leçon paternelle.....................	Désandré.	Régnier	39	52	» »	» »	8 »
4853	Conseils maternels....................	—	—	39	52	» »	» »	8 »
4854	La Joie des Enfants...................	—	—	39	52	» »	» »	8 »
4855	Bonheur des Grands-Parents...............	—	—	39	52	» »	» »	8 »
4856	Éducation morale.....................	Désandré.	Régnier	35	48	» »	8 »	» »
4857	Éducation religieuse...................	—	—	35	48	» »	8 »	» »
4858	Premier pas sur la terre.................	—	—	35	48	» »	8 »	» »
4859	Premier pas dans le monde................	—	—	35	48	» »	8 »	» »
4860	Le Jour du Mariage....................	—	—	35	48	» »	8 »	» »
4861	Départ pour l'Italie....................	—	—	35	48	» »	8 »	» »
4862	Tendre Aveu.......................	Mès	Régnier	39	54	» »	8 »	» »
4863	Mariage d'Inclination...................	—	—	39	54	» »	8 »	» »
4864	Corbeille de Mariage...................	—	—	39	54	» »	8 »	» »
4865	Le Lendemain de Noces.................	—	—	39	54	» »	8 »	» »
4866	Partie de Plaisir en mer.................	Morlon	Régnier	35	45	» »	» »	8 »
4867	Retour du Marché.....................	—	—	35	45	» »	» »	8 »
4868	Avec le Courant. (Vie facile)..............	Linder	Régnier	41	60	8 »	10 »	16 »
4869	Contre le Courant. (Vie pénible)............	—	—	41	60	8 »	10 »	16 »
4870	En chemin de fer. (1re Classe).............	—	—	41	60	8 »	10 »	16 »
4871	— (2e Classe).............	—	—	41	60	8 »	10 »	16 »

N° D'ORDRE	TITRES DES LITHOGRAPHIES	NOMS DES PEINTRES	NOMS DES LITHOGRAPHIES	HAUTEUR	LARGEUR	PRIX EN NOIR	PRIX EN REH^t	PRIX EN COUL^r
				CENTIMÈT.		fr. c.	fr. c.	fr. c.
4872	Heva. (forme ovale)	Zuber-Buhler	Régnier	37	49	» »	8 »	12 »
4873	Rachel. —	—	—	37	49	» »	8 »	12 »
4874	Georgina. —	—	—	37	49	» »	8 »	12 »
4875	Nathaniel. —	—	—	37	49	» »	8 »	12 »

MUSÉE DE MŒURS EN ACTION
SUJETS COMIQUES

N° D'ORDRE	TITRES DES LITHOGRAPHIES	PEINTRES	LITHOGRAPHES	HAUT.	LARG.	NOIR	REH^t	COUL^r
4876	Moa très fâché d'avoir apporté mon femme.	Linder	Régnier	38	50	» »	» »	8 »
4877	Moa aimer beaucoup rigoler avec vous.	—	—	38	50	» »	» »	8 »
4878	Aoh! ce gros Français, il ennuyait beaucoup Moa!	Linder	Régnier	38	50	» »	» »	8 »
4879	Aoh! Mabille, il était un Paradis!	—	—	38	50	» »	» »	8 »
4880	L' pied qui r'mue.	Linder	Régnier	38	50	» »	» »	8 »
4881	C'est bien fait, fallait pas qu'y aille.	—	—	38	50	» »	» »	8 »
4882	Les Malins du Village.	Tordeux	Régnier	38	50	» »	» »	8 »
4883	Quand les maris sont au champ.	—	—	38	50	» »	» »	8 »
4884	La fine fleur du cru.	Linder	—	38	50	» »	» »	8 »
4885	Les Gros bonnets de l'endroit.	Tordeux	—	38	50	» »	» »	8 »
4886	Grande Vitesse.	Linder	Régnier	38	50	» »	» »	8 »
4887	Dix Minutes d'arrêt.	—	—	38	50	» »	» »	8 »
4888	Le Curé de Pontoise.	Dubouloz	Régnier	38	50	» »	» »	8 »
4889	Baissez les yeux, vous perdriez la vue.	—	—	38	50	» »	» »	8 »
4890	Six mois de Mariage.	—	—	38	50	» »	» »	8 »
4891	Baptême du petit Ébéniste.	—	—	38	50	» »	» »	8 »
4892	Les Étrangers à Paris. (Tous les deux!).	Linder	Régnier	38	50	» »	» »	8 »
4893	Les Étrangers à Paris. (Ni l'un ni l'autre!).	—	—	38	50	» »	» »	8 »
4894	Comme faisaient nos pères. (Sujet ovale).	Linder	Barry	38	50	» »	» »	8 »
4895	Comme nous faisons aujourd'hui.	—	—	38	50	» »	» »	8 »
4896	Le Journal politique au Village.	Linder	Régnier	38	50	» »	» »	8 »
4897	Le Petit Journal au Village.	—	—	38	50	» »	» »	8 »
4898	Le Trouble-Noce.	Mès	Régnier	38	50	» »	» »	8 »
4899	La Fête au Sérail.	—	—	38	50	» »	» »	8 »
4900	La Scène de l'Opéra. La Tarentelle. (Étoile de Messine).	Morlon	Régnier	38	50	» »	» »	8 »
4901	La Scène du Cirque-Olympique. (Les Jongleuses.).	—	—	38	50	» »	» »	8 »
4902	Lecture du Testament.	Dubouloz	Régnier	38	50	» »	» »	8 »
4903	Le Colin-Maillard. (Il ne faut pas jouer avec le feu).	Dubouloz	—	40	55	» »	» »	8 »
4904	Les Tentateurs. (On finit souvent par céder).	—	—	40	55	» »	» »	8 »
4905	Les Corsaires. (La prise à l'abordage).	—	—	40	55	» »	» »	8 »
4906	Les Réveilles-Matin. (Devant le nombre il faut se rendre).	—	—	40	55	» »	» »	8 »
4907	Contre la force pas de résistance.	—	—	40	55	» »	» »	8 »
4908	Voilà que ça mord! (Format en hauteur).	Mès	Régnier	45	54	» »	» »	8 »
4909	Viens t'y faire mordre!	—	—	45	54	» »	» »	8 »
4910	Pièces de conviction.	Linder	Régnier	38	50	» »	» »	8 »
4911	Si jeunesse savait! (Forme ovale).	—	Régnier	38	46	» »	6 »	» »
4912	Si vieillesse pouvait!	—	—	38	46	» »	6 »	» »
4913	A vingt ans. (La Romance).	—	—	38	46	» »	6 »	» »
4914	A soixante ans. (La Partie de piquet).	—	—	38	46	» »	6 »	» »
4915	La Lune de miel.	—	—	38	46	» »	6 »	» »
4916	La Lune rousse.	—	—	38	46	» »	6 »	» »
4917	Bonheur remplace richesse.	Morlon	—	38	46	» »	6 »	» »
4918	Un Ménage pour rire.	—	—	38	46	» »	6 »	» »

N° D'ORDRE	TITRES DES LITHOGRAPHIES	NOMS DES PEINTRES	NOMS DES LITHOGRAPHES	HAUTEUR	LARGEUR	PRIX EN NOIR	PRIX EN REH	PRIX EN COUL'
				CENTIMÈT.		fr. c.	fr. c.	fr. c.
	SUJETS GRACIEUX AVEC FILET OR							
4919	Les Femmes Cosmopolites. (Forme ovale). N° 5......	Chiapory	C. Lafosse	52	41	» »	» »	6 »
4920	— — — N° 6........	Mlle Eglée	—	52	41	» »	» »	6 »
4921	— — — N° 7........	Sophaya D.	—	52	41	» »	» »	6 »
4922	— — — N° 8........	C. Lafosse	—	52	41	» »	» »	6 »
4923	— — — N° 9........	Cossman	Fuhr	52	41	» »	» »	6 »
4924	— — — N° 10........	—	—	52	41	» »	» »	6 »
4925	— — — N° 11........	—	—	52	41	» »	» »	6 »
4926	— — — N° 12........	—	—	52	41	» »	» »	6 »
4927	— — — N° 13........	—	Duriez	52	41	» »	» »	6 »
4928	— — — N° 14........	—	—	52	41	» »	» »	6 »
4929	— — — N° 15........	—	—	52	41	» »	» »	6 »
4930	— — — N° 16........	—	—	52	41	» »	» »	6 »
	(Suite aux n° 4527 à 4530 du quatrième Supplément.)							
	SUJETS DE GENRE							
4931	Train de Plaisir, plus vite!...............	Bassaget	Régnier	24	43	4 »	» »	5 »
4932	Première Leçon de lecture................	—	—	24	43	4 »	» »	5 »
4933	Amis intéressés : chacun sa part.........	—	—	24	43	4 »	» »	5 »
4934	Va jouer et sois bien sage................	—	—	24	43	4 »	» »	5 »
	FORMAT EN HAUTEUR							
4935	A bas Mimi!............................	Schultz	Schultz	50	38	» »	10 »	» »
4936	Tout beau, Bibi........................	—	—	50	38	» »	10 »	» »
4937	Rendez-vous au bord du lac.............	Morlon	Régnier	42	32	» »	» »	8 »
4938	Excursion dans la montagne.............	—	—	42	32	» »	» »	8 »
4939	Voile de mariée........................	Désandré	Régnier	44	56	» »	5 »	» »
4940	Précieux Souvenir.....................	—	—	44	56	» »	5 »	» »
4941	Par un temps de neige.................	Legendre	Régnier	38	29	» »	» »	6 »
4942	Le petit Protégé.......................	Brochart	Régnier	39	51	» »	6 »	» »
	(Suite et pondants aux n° 806 à 822 du Catalogue 4061 du 1er Supplément 4416 et 4417 du quatrième Supplément.)							
	GALERIE POUR RIRE							
4943	Les Crêpes. (Format en largeur)........	Giraud	Marin-Lavigne	36	46	» »	» »	6 »
4944	Colin-Maillard. —	—	—	36	46	» »	» »	6 »
4945	Une Biche au bois.....................	Morlon	Régnier	45	56	» »	» »	6 »
4946	Une Poule mouillée....................	—	—	45	56	» »	» »	6 »
4947	Un Pigeon............................	Morlon	Régnier	45	56	» »	» »	6 »
4948	Une Cocote...........................	—	—	45	56	» »	» »	6 »
4949	Rien n'est sacré pour un sapeur........	Morlon	Régnier	45	56	» »	» »	6 »
	J'eux beau dire : V'là Madame qu' arrive ; Rien n'est sacré pour un sapeur.							
4950	Tir-toi d' là comm' tu pourras...........	—	—	45	56	» »	» »	6 »
	Tu l'as voulu, n' te plains pas ; Tir'-toi d' là comme tu pourras.							
4951	Acceptez ce bijou et mon cœur.........	Linder	Régnier	45	56	» »	» »	6 »
	Un cœur, connais pas ça !							
4952	Veux-tu une mèche de mes cheveux?...	—	—	45	56	» »	» »	6 »
	Non, j'aime mieux ton sac !							

Nos D'ORDRE	TITRES DES LITHOGRAPHIES	NOMS DES PEINTRES	NOMS DES LITHOGRAPHES	HAUTEUR	LARGEUR	PRIX EN NOIR	PRIX EN REH	PRIX EN COUL'
				CENTIMÈT.		fr. c.	fr. c.	fr. c.
4953	Moa emporter vous à London............	Linder	Régnier	45	36	» »	» »	6 »
4954	Moa aimer beaucoup le petite Française...	—	—	45	36	» »	» »	6 »
4955	Oui, mès enfants, vous êtes dans le bon chemin....	Linder	Régnier	45	36	» »	» »	6 »
4956	Ohé ! petits amis, vous faites fausse route......	—	—	45	36	» »	» »	6 »
4957	Monsieur a-t-il besoin de quelque chose?......	Mès	Régnier	45	36	» »	» »	6 »
4958	Monsieur n'a plus besoin de rien?............	—	—	45	36	» »	» »	6 »
4959	Je tiens mon Anglais............	Régnier	Régnier	45	36	» »	» »	6 »
	(Pendant du n° 4526 du quatrième Supplément.)							
4960	La Chatte à Monsieur............	Linder	Régnier	45	36	» »	» »	6 »
4961	Le Bichon de Madame............	—	—	45	36	» »	» »	6 »
4962	Ma Chambre de garçon. Minuit......	Linder	Régnier	45	36	» »	» »	6 »
4963	— — 8 heures du matin.........	—	—	45	36	» »	» »	6 »
4964	— — La Discussion............	—	—	45	36	» »	» »	6 »
4965	— — L'Accord............	—	—	45	36	» »	» »	6 »
4966	— — La 1re semaine du mois..	—	—	45	36	» »	» »	6 »
4967	— — La 2e semaine du mois..	—	—	45	36	» »	» »	6 »
4968	Vous ! acceptez le cœur de Moa?..........	Linder	Régnier	45	36	» »	» »	6 »
4969	Milord ! J'aime mieux boire !............	—	—	45	36	» »	» »	6 »
4970	Ces Petites Dames : comme je suis !.........	Morlon	Régnier	45	36	» »	» »	6 »
4971	Ces Petites Dames : comme j'étais !.........	—	—	45	36	» »	» »	6 »
4972	L'Étranger à Paris............	Morlon	Régnier	45	36	» »	» »	6 »
4973	Le Guide de l'Étranger............	—	—	45	36	» »	» »	6 »
4974	L'Atelier. (Femme à sa toilette)............	Pastelot	Régnier	45	36	» »	» »	6 »
4975	L'Exposition. (Femme dans une loge de théâtre)......	—	—	45	36	» »	» »	6 »
4976	Le Café............	Vion et Linder	Régnier	45	36	» »	» »	6 »
4977	La Bière............	—	—	45	36	» »	» »	6 »
4978	La Biche............	Linder	Régnier	45	34	» »	» »	6 »
4979	Le Daim............	—	—	45	34	» »	» »	6 »
4980	L'Ennemi aux portes............	Linder	Régnier	50	39	» »	» »	6 »
4981	L'Ennemi dans la place............	—	—	50	39	» »	» »	6 »
4982	La Hausse............	Linder	Régnier	50	39	» »	» »	6 »
4983	La Baisse............	—	—	50	39	» »	» »	6 »
4984	Un gros Melon............	Linder	Barry	46	38	» »	» »	6 »
4985	Un petit Serin............	—	—	46	38	» »	» »	6 »
4986	Scélérat de Pompier............	Benindt	Régnier	47	37	» »	» »	6 »
4987	Le bon Gendarme............	—	—	47	37	» »	» »	6 »
4988	La Propriétaire et sa Locataire............	Detouche	Régnier	47	39	» »	» »	6 »
4989	Le Dieu d'autrefois............	Detouche	Thielley	47	37	» »	» »	6 »
4990	Le Dieu d'aujourd'hui............	—	—	47	37	» »	» »	6 »
4991	L'Amour? qué qu' c'est qu' ça. (Forme ovale)....	Linder	Régnier	47	39	» »	» »	6 »
4992	L'Amour, v'là c' que c'est. —	—	—	47	39	» »	» »	6 »
4993	En Chemin de fer. Le Départ. (Forme ovale)......	Montaut	Régnier	47	39	» »	» »	6 »
4994	— L'Arrivée. —	—	—	47	39	» »	» »	6 »
4995	Ah ! c'est épatant. (Moine)............	David	Régnier	44	34	» »	» »	6 »
4996	Oh ! c'est dégoûtant. —	—	—	44	34	» »	» »	6 »

N° D'ORDRE	TITRES DES LITHOGRAPHIES	NOMS DES		HAUTEUR	LARGEUR	PRIX EN		
		PEINTRES	LITHOGRAPHES			NOIR	REH¹	COUL¹
				CENTIMÈT.		fr. c.	fr. c.	fr. c.
	HEUREUX TEMPS DE LA JEUNESSE							
4997	Comme on aime à vingt ans. (Forme ovale)........	NUMA	RÉGNIER	45	35	» »	» »	5 »
4998	Comme on s'émancipe. —	—	—	45	35	» »	» »	5 »
4999	Projets de Bonheur. —	—	—	45	35	» »	» »	5 »
5000	Changement de Garnison. —	—	—	45	35	» »	» »	5 »
	GALERIE OMNIBUS							
5001	Les Maris s'insurgent............ N° 1.	BELLANGÉ	DURIEZ	21	28	» »	2 »	» »
5002	Une Halte en Bourgogne........ 2.	—	—	21	28	» »	2 »	» »
5003	Un Bal à l'Opéra............. 3.	GAVARNI	BOSQUIN	21	28	» »	2 »	» »
5004	Un Souper à la Maison-d'Or..... 4.	—	—	21	28	» »	2 »	» »
5005	Le Ballet des Roses........... 5.	BÉLIN	JACOTT	21	28	» »	2 »	» »
5006	La Fête au sérail............ 6.	MÈS	—	21	28	» »	2 »	» »
5007	Le Dieu d'aujourd'hui......... 7.	DETOUCHE	DURIEZ	28	21	» »	2 »	» »
5008	Le Dieu d'autrefois........... 8.	—	—	28	21	» »	2 »	» »
5009	La Jeunesse du lion.......... 9.	COTTIN	BOSQUIN	28	21	» »	2 »	» »
5010	Le Lion devenu vieux........ 10.	—	—	28	21	» »	2 »	» »
5011	Le Mariage du Coq du village.... 11.	CORRÉARD	JACOTT	28	21	» »	2 »	» »
5012	La Nuit des noces........... 12.	—	—	28	21	» »	2 »	» »
5013	La Première aumône.......... 13.	LELOIR	RÉGNIER	28	21	» »	2 »	» »
5014	Il est sauvé!............. 14.	—	—	28	21	» »	2 »	» »
5015	Pour les pauvres........... 15.	COMPTE-CALIX	—	31	22	» »	2 »	» »
5016	Dieu vous le rendra......... 16.	—	—	31	22	» »	2 »	» »
5017	Viendra-t-il?............ 17.	TOUDOUZE	CHARPENTIER	31	22	» »	2 »	» »
5018	Pour lui plaire............ 18.	LELOIR	—	31	22	» »	2 »	» »
5019	Petit frère.... (coins arrondis).. 19.	—	DESMAISONS	29	22	» »	2 »	» »
5020	Éducation d'Azor. — ...... 20.	—	—	29	22	» »	2 »	» »
5021	La Dinette............. 21.	—	—	29	22	» »	2 »	» »
5022	La Récréation............ 22.	—	—	29	22	» »	2 »	» »
5023	La Jeune mère de famille. (ovale) 23.	BASSAGET	RÉGNIER	29	22	» »	2 »	» »
5024	La Petite ménagère. — ...... 24.	—	—	29	22	» »	2 »	» »
5025	La Leçon de danse.......... 25.	—	—	29	22	» »	2 »	» »
5026	Les Soins maternels. — ...... 26.	—	—	29	22	» »	2 »	» »
5027	Le Bien-aimé............ 27.	COMPTE-CALIX	BETTANIER	22	29	» »	2 »	» »
5028	Les Petits élèves........... 28.	—	—	22	29	» »	2 »	» »
5029	Projets d'avenir........... 29.	COLIN	DESMAISONS	28	21	» »	2 »	» »
5030	L'Heureuse mère........... 30.	—	—	28	21	» »	2 »	» »
5031	Le Retour au château......... 31.	—	—	28	21	» »	2 »	» »
5032	La Coquetterie............ 32.	COLIN	DESMAISONS	28	22	» »	2 »	» »
5033	La Pêche.............. 33.	COMPTE-CALIX	RÉGNIER	28	22	» »	2 »	» »
5034	La Convalescence........... 34.	—	—	28	22	» »	2 »	» »
5035	Souvenirs............. 35.	—	—	28	22	» »	2 »	» »
5036	Sollicitude............. 36.	—	—	28	22	» »	2 »	» »
5037	Gras............... 37.	LANGLET	THIELLEY	22	28	» »	2 »	» »
5038	Maigre............... 38.	—	—	22	28	» »	2 »	» »
5039	Algérie............... 39.	H. VERNET	DESMAISONS	21	28	» »	2 »	» »
5040	Russie............... 40.	—	—	21	28	» »	2 »	» »
5041	Déjeuner en famille.......... 41.	BELLANGÉ	—	21	28	» »	2 »	» »
5042	Oiseaux chéris............ 42.	BEAUME	BOSQUIN	21	28	» »	2 »	» »
5043	Scène du Cirque-Olympique. Les Jongleuses.. 43.	—	MORLON	21	28	» »	2 »	» »
5044	Scène de l'Opéra. La Tarentelle...... 44.	—	—	21	28	» »	2 »	» »
5045	L'Éducation normande......... 45.	DUVAL LE CAMUS	JACOTT	21	28	» »	2 »	» »
5046	Le Braconnier dans l'embarras..... 46.	—	—	21	28	» »	2 »	» »
5047	Trouble-fête du vendredi........ 47.	COTTIN	—	21	28	» »	2 »	» »
5048	Trouble-Noce............. 48.	MÈS	—	21	28	» »	2 »	» »

N° D'ORDRE	TITRES DES LITHOGRAPHIES		NOMS DES		HAUTEUR	LARGEUR	PRIX EN		
			PEINTRES	LITHOGRAPHES			NOIR	REH^{té}	COUL^r
					centimèt.		fr. c.	fr. c.	fr. c.
5049	Le Tourlourou piqué au vif.............	49.	Bellangé	Duriez	28	21	» »	2 »	» »
5050	Les Passions rafraîchies.............	50.	Coytin	—	28	21	» »	2 »	» »
5051	Le bon Gendarme.................	51.	Bemindt	—	28	21	» »	2 »	» »
5052	Scélérat de Pompier.............	52.	—	—	28	21	» »	2 »	» »
5053	A c' soir.....................	53.	Grenier	—	28	21	» »	2 »	» »
5054	La fille bien gardée.............	54.	Destouches	—	28	21	» »	2 »	» »

GRANDS MÉDAILLONS JULIEN

Collection de Têtes de Femmes gracieuses, sainteté, etc.
en bustes, coloriée, fac-simile de pastels, format ovale avec filets or, fond de ciel
marges noires ou montée sur bristol

N°	Titre	N°	Peintre	Lithographe	H	L	Noir	Reh	Coul
5055	Les Castagnettes. (Jeune femme jouant des castagnettes)...	N° 1.	Brochart	Julien	62	49	» »	» »	12 »
5056	Le Tambour de Basque.................	2.	—	—	62	49	» »	» »	12 »
5057	Le Petit Mignon. (Femme tenant un lapin).......	3.	—	—	62	49	» »	» »	12 »
5058	La Colombe Chérie.................	4.	—	—	62	49	» »	» »	12 »
5059	La Grande Dame.................	5.	—	—	62	49	» »	» »	12 »
5060	La Lisette. (Fillette tenant une chanson).......	6.	—	—	62	49	» »	» »	12 »
5061	Le Billet doux...................	7.	—	—	62	49	» »	» »	12 »
5062	Mon gros Minet. (Paysanne coquette avec un chat)...	8.	—	—	62	49	» »	» »	12 »
5063	Le Bichon de Madame. (Femme tenant un petit chien)...	9.	—	—	62	49	» »	» »	12 »
5064	Mon petit Toutou. (Jeune femme tenant un petit chien)...	10.	—	—	62	49	» »	» »	12 »
5065	La Belle Grecque.................	11.	Guet	—	62	49	» »	8 »	12 »
5066	Le Corset.....................	12.	—	—	62	49	» »	» »	12 »
5067	Le Papillon..................	13.	Philippe	—	62	49	» »	» 5	12 »
5068	La Tapisserie.................	14.	Brochart	—	62	49	» »	» »	12 »
5069	La Jolie Bergère................	15.	—	—	62	49	» »	» »	12 »
5070	La Belle Espagnole.............	16.	Guet	—	62	49	» 67	» »	12 »
5071	La Méditation.................	17.	—	—	62	40	» »	» 7	12 »
5072	Une loge à l'Opéra..............	18.	Brochart	—	62	49	» »	2 »	12 »
5073	Le Domino..................	19.	Guet	—	62	49	» »	» »	12 »
5074	Le Chocolat. (Femme prenant une tasse de chocolat)...	20.	Brochart	—	62	49	» »	» »	12 »
5075	Jésus-Christ. (Je suis la voie, la vérité, la vie)...	21.	Merle	—	62	49	» »	» »	12 »
5076	La Sainte Vierge. (Voici la servante du Seigneur)...	22.	—	—	62	49	» »	» »	12 »
5077	Le Sacré Cœur de Jésus.............	23.	Cibot	—	62	49	» »	» »	12 »
5078	Le Sacré Cœur de Marie.............	24.	Cibot	—	62	49	» »	» »	12 »
5079	Sainte Cécile.................	25.	Brochart	—	62	49	» »	» »	12 »
5080	Sainte Thérèse de Jésus...........	26.	—	—	62	49	» »	» »	12 »
5081	La Vierge à la Chaise.............	27.	Raphael	—	62	49	» »	» »	12 »
5082	Saint Antoine de Padoue...........	28.	Murillo	—	62	49	» »	» »	12 »
5083	Saint Joseph et l'Enfant Jésus.......	29.	—	—	62	49	» »	» »	12 »
5084	La Vierge au Raisin.............	30.	Mignard	—	62	49	» »	» »	12 »
5085	Notre Dame de la Merced.........	31.	Cibot	—	62	49	» »	» »	12 »
5086	Notre Dame du Mont-Carmel........	32.	—	—	62	49	» »	» »	12 »
5087	Mater Dolorosa. (Tenant la Couronne d'épines)...	33.	—	—	62	49	» »	» »	12 »
5088	Jésus portant sa croix...........	34.	—	—	62	49	» »	» »	12 »
5089	La Jolie Bouquetière............	35.	Brochart	—	62	49	» »	» »	12 »
5090	La Grappe de Raisin............	36.	—	—	62	40	» »	» »	12 »
5091	La Corbeille de fruits...........	37.	—	—	62	49	» »	» »	12 »
5092	Fleurette.................	38.	—	—	62	49	» »	» »	12 »
5093	Le Bouquet de Violettes.........	39.	—	—	62	49	» »	» »	12 »
5094	La Moisson. (Jeune fille tenant un bouquet d'épis)...	40.	—	—	62	49	» »	» »	12 »
5095	Ecce Homo.................	41.	Le Guide	—	62	49	» »	» »	12 »
5096	Mère de Dieu................	42.	—	—	62	49	» »	» »	12 »

N° D'ORDRE	TITRES DES LITHOGRAPHIES		NOMS DES		HAUTEUR	LARGEUR	PRIX EN		
			PEINTRES	LITHOGRAPHES			NOIR	REH^t	COUL^r
					CENTIMÈT.		fr. c.	fr. c.	fr. c.
5097	Mère de Douleurs...........	43.	F. Barbieri	Julien	62	49	» »	» »	12 »
5098	Immaculée Conception.........	44.	Murillo	—	62	49	» »	» »	12 »
5099	Le Petit Poucet...........	45.	Brochart	—	62	49	» »	» »	12 »
5100	Le Petit Chaperon rouge.......	46.	—	—	62	49	» »	» »	12 »
5101	Salvator Mundi. (Enfant Jésus couché sur la croix)...	47.	L'Albane	—	49	62	» »	» »	12 »
5102	Les Deux Sœurs...........	48.	E. Devéria	—	62	49	» »	» »	12 »
5103	Heureux Age. (Jeune enfant tenant des fleurs)...	49.	E. Quesnet	—	62	49	» »	» »	12 »
5104	Le Petit Friand...........	50.	H. Fourau	—	62	49	» »	» »	12 »
5105	La Punition.............	51.	Brochart	—	62	49	» »	» »	12 »
5106	La Récompense...........	52.	—	—	62	49	» »	» »	12 »
5107	Le Petit Protégé...........	53.	—	—	62	49	» »	» »	12 »
5108	L'Élégante Bergère..........	54.	—	—	62	49	» »	» »	12 »

LES PERLES DE L'ANDALOUSIE

5109	Rosario (forme ovale)........		E. Girard	Schultz	39	31	» »	» »	5 »
5110	Angela —		—	—	39	31	» »	» »	5 »
5111	Carmen —		—	—	39	31	» »	» »	5 »
5112	Dolores —		—	—	39	31	» »	» »	5 »

SUJETS NUS, SCÈNES DE MŒURS

5113	Le Piége. (Sujet en largeur).......		Brochart	Lemoine	52	55	8 »	» »	16 »
5114	Le Rayon. —		—	—	52	55	8 »	» »	16 »
5115	L'Attente. (Format en hauteur)......		Brochart	Charpentier	45	59	8 »	» »	16 »
5116	Il est trop tard. —		—	—	45	50	8 »	» »	16 »
5117	Le Temps des Amours........		Numa	Régnier	31	24	» »	2 50	» »
5118	L'Alcôve et ses Secrets........		—	—	31	24	» »	2 50	» »
5119	Un Corsage trop Étroit........		—	—	31	24	» »	2 50	» »
5120	L'Occasion, l'herbe tendre.......		—	—	31	24	» »	2 50	» »
5121	La Persuasion naturelle........		—	—	31	24	» »	2 50	» »
5122	De Couturière, elle est devenue reine de France...		—	—	31	24	» »	2 50	» »
5123	Les Petits Poissons dans l'Eau......		—	—	31	24	» »	2 50	» »

SUJETS RELIGIEUX

FORMAT EN LARGEUR

5124	La Cène.............		Léonard de Vinci	Pingot	48	68	4 »	7 »	15 »
5125	Jésus remet à saint Pierre les clefs du Paradis...		Poussin	—	48	68	4 »	7 »	15 »
5126	Moïse frappant le rocher........		Murillo	—	48	68	4 »	7 »	15 »
5127	Jésus et les Petits Enfants.......		Overbeck	—	48	68	4 »	7 »	15 »

FORMAT EN HAUTEUR

5128	Le Denier de César.........		C. Bazin	Duriez	32	25	4 »	» »	8 »
5129	Jésus-Christ et les Petits Enfants.....		—	—	32	25	4 »	» »	8 »
5130	L'Adoration des Mages........		Jouy	—	32	25	4 »	» »	8 »
5131	Jésus expirant sur la croix.......		Rubens	—	32	25	4 »	» »	8 »

N° D'ORDRE	TITRES DES LITHOGRAPHIES		NOMS DES PEINTRES	NOMS DES LITHOGRAPHES	HAUTEUR	LARGEUR	PRIX EN NOIR	PRIX EN REH	PRIX EN COUL'
					centimèt.		fr. c.	fr. c.	fr. c.
	CHASSES ET SUJETS DE CHEVAUX								
5152	Chasse à l'Ours. (Russie).	N° 1.	F. Grenier	F. Grenier	40	61	»	»	8 »
5153	Chasse à la Panthère. (Algérie).	2.	—	—	40	61	»	»	8 »
5154	Chasse aux Bisons. (Amérique).	3.	—	—	40	61	»	»	8 »
5155	Chasse à l'Éléphant. (Afrique australe).	4.	—	—	40	61	»	»	8 »
5156	Chasse au Sanglier. (France).	5.	—	—	40	61	»	»	8 »
5157	Chasse au Cerf. (France).	6.	F. Grenier	F. Grenier	40	61	»	»	8 »
5158	Chasse au Loup. (France).	7.	—	—	40	61	»	»	8 »
5159	Chasse aux Chevaux sauvages. (Mexique).	8.	—	—	40	61	»	»	8 »
5140	Chasse au Chevreuil. (France).	9.	—	—	40	61	»	»	8 »
5141	Chasse aux Canards. (France).	10.	—	—	40	61	»	»	8 »
5142	Chasse aux Faisans. (France).	11.	—	—	40	61	»	»	8 »
5143	Chasse au Lièvre. (France).	12.	—	—	40	61	»	»	8 »
	LA VÉNERIE FRANÇAISE								
5144	Le Rendez-vous au Carrefour.	N° 1.	Bonnemaisons	Régnier	40	60	6	»	12 »
5145	Sous Bois.	2.	—	—	40	60	6	»	12 »
5146	Le Débucher.	3.	—	—	40	60	6	»	12 »
5147	Le Défaut.	4.	—	—	40	60	6	»	12 »
5148	Le Défaut relevé.	5.	—	—	40	60	6	»	12 »
5149	L'Hallali sur Pied.	6.	—	Soulange-Tessier	40	60	6	»	12 »
5150	Poney-Chaise.		Bonnemaisons	Régnier	45	62	»	»	8 »
5151	Tilbury avec un cheval américain.		—	—	45	62	»	»	8 »
5152	Chasse aux Bisons.		Yves Grenier	Yves Grenier	45	61	»	»	6 »
5153	Chasse au Gorille.		—	—	45	61	»	»	6 »
5154	Chasse à l'Ours Blanc.		—	—	45	61	»	»	6 »
5155	Chasse au Tigre.		—	—	45	61	»	»	6 »
5156	Chasse à l'Éléphant.		—	—	45	61	»	»	6 »
5157	Chasse au Crocodile.		—	—	45	61	»	»	6 »
5158	Chasse au Lapin. (Forme ovale avec filet or).	N° 1.	Grenier Frères	Grenier Frères	34	45	»	»	6 »
5159	Chasse au Lièvre. —	2.	—	—	34	45	»	»	6 »
5160	Chasse au Canard sauvage. —	3.	—	—	34	45	»	»	6 »
5161	Chasse aux Perdrix. —	4.	—	—	34	45	»	»	6 »
5162	Chasse au Sanglier. —	5.	—	—	34	45	»	»	6 »
5163	Chasse au Chevreuil. —	6.	—	—	34	45	»	»	6 »
5164	Chasse au Renard. —	7.	—	—	34	45	»	»	6 »
5165	Chasse au Loup. —	8.	—	—	34	45	»	»	6 »
	ÉCURIES FRANÇAISES								
5166	Le Cheval de Selle. La Selle.	N° 1.	Achet de Massy	Achet de Massy	41	54	»	6	» »
5167	Le Cheval de Selle. La Sangle.	2.	—	—	41	54	»	6	» »
5168	Le Cheval d'Attelage. Le Mors.	3.	—	Régnier	41	54	»	6	» »
5169	Le Cheval d'Attelage. La Croupière.	4.	—	—	41	54	»	6	» »
5170	Le Baiser du Matin.		Kiordoé	Régnier	39	53	»	6	» »
5171	Effroi et Dispute.		—	—	39	53	»	6	» »
5172	Indépendance et Liberté.		Bonnemaisons	—	39	55	»	6	» »
5173	Soumission et Servitude.		—	—	39	55	»	6	» »
5174	Apprêts et Élégance.		—	—	39	55	»	6	» »
5175	Bonheur et Liberté.		—	—	39	55	»	6	» »

(Suite et pendants aux n°s 1635 à 1642 du Catalogue, 4106 à 4111 du premier Supplément et 4435 à 4440 du troisième Supplément.)

N⁰ˢ D'ORDRE	TITRES DES LITHOGRAPHIES	NOMS DES		HAUTEUR	LARGEUR	PRIX EN		
		PEINTRES	LITHOGRAPHES			NOIR	REH⁺	COUL⁺
				CENTIMÈT.		fr. c.	fr. c.	fr. c.

CHEVAUX DE COURSES

5176	Fille-de-l'Air..................	A. Adam	A. Adam	38	56	» »	» »	6 »
5177	Bois-Roussel...................	—	—	38	56	» »	» »	6 »
5178	Vermout.......................	—	—	38	56	» »	» »	6 »
5179	Blair-Athol....................	—	—	38	56	» »	» »	6 »
5180	Gladiateur.....................	—	—	38	56	» »	» »	6 »
5181	Gontran.......................	—	—	38	56	» »	» »	6 »
5182	Magenta.......................	—	—	38	56	» »	» »	6 »
5183	Valentino......................	—	—	38	56	» »	» »	6 »

SPORT FRANÇAIS

GALERIE DU JOCKEY-CLUB

5184	Gladiateur.....................	Pichat	Gengembre	54	47	» »	» »	6 »
5185	Gontran.......................	—	—	54	47	» »	» »	6 »
5186	Vermout.......................	—	—	54	47	» »	» »	6 »
5187	Bois-Roussel...................	—	Barry	54	47	» »	» »	6 »
5188	Fille-de-l'Air..................	—	Gengembre	54	47	» »	» »	6 »
5189	Vertugadin.....................	—	—	54	47	» »	» »	6 »

PANORAMAS ET VUES

PORTS DE MER

5190	Vera-Cruz................ N⁰ 1.	Lebreton	Lebreton	37	60	4 »	» »	8 »
5191	Mexico.................... 2.	—	—	37	60	4 »	» »	8 »
5192	Lima...................... 3.	—	—	37	60	4 »	» »	8 »
5193	Marseille.................. 4.	—	—	37	60	4 »	» »	8 »
5194	Alger..................... 5.	—	—	37	60	4 »	» »	8 »
5195	Buenos-Ayres.............. 6.	—	—	37	60	4 »	» »	8 »
5196	Saint-Pierre. (Martinique)... 7.	—	—	37	60	4 »	» »	8 »
5197	La Havane................. 8.	—	—	37	60	4 »	» »	8 »
5198	New-York.................. 9.	—	—	37	60	4 »	» »	8 »
5199	Gênes..................... 10.	—	—	37	60	4 »	» »	8 »
5200	Trieste................... 11.	—	—	37	60	4 »	» »	8 »
5201	Barcelone................. 12.	—	—	37	60	4 »	» »	8 »

VUES DE PORTUGAL ET DE BRÉSIL

5202	Lisbonne. (Place du Commerce)... N⁰ 1.	Lebreton	Lebreton	31	48	» »	» »	2 50
5203	— (Palais d'Ajuda)......... 2.	—	—	31	48	» »	» »	2 50
5204	Porto..................... 3.	—	—	31	48	» »	» »	2 50
5205	Rio Janeiro................ 4.	—	—	31	48	» »	» »	2 50
5206	Villa Real. (De tras os Montes)... 5.	—	—	31	48	» »	» »	2 50
5207	Vianna. (Do Minho)......... 6.	—	—	31	48	» »	» »	2 50
5208	Angra. (Do Heroismo)....... 7.	—	—	31	48	» »	» »	2 50

N°s D'ORDRE	TITRES DES LITHOGRAPHIES	NOMS DES PEINTRES	NOMS DES LITHOGRAPHES	HAUTEUR	LARGEUR	PRIX EN NOIR	PRIX EN REH¹	PRIX EN COUL¹
				centimèt.		fr. c.	fr. c.	fr. c.

SUJETS ARTISTIQUES
ET OUVRAGES D'ART

N°s D'ORDRE	TITRES DES LITHOGRAPHIES	PEINTRES	LITHOGRAPHES	HAUTEUR	LARGEUR	NOIR	REH¹	COUL¹
5209	Bernard Palissy	Wetter	Thielley	45	72	20 »	» »	40 »
5210	Taureaux espagnols	Rosa Bonheur	Laurens	47	69	15 »	» »	» »
5211	Rouget de Lisle	I. Pils	Laurens et Durand	41	54	12 »	» »	24 »
5212	Après la Victoire	Yvon	S. Tessier	36	72	12 »	» »	24 »
5213	L'Inondation	Kiorboë	Régnier	37	51	8 »	» »	16 »
5214	Cerfs et Biches	Rosa Bonheur	Laurens	34	45	6 »	» »	» »
5215	Bourriqueros	Rosa Bonheur	Laurens	31	46	6 »	» »	» »
5216	L'Écurie	Verchund	Keller	27	54	4 »	» »	» »
5217	Jardin d'Amours	Rudens	Lemoine	21	29	4 »	» »	» »
5218	Comédie	Froment	Aubert	17	29	4 »	» »	» »
5219	Tragédie	Froment	—	17	29	4 »	» »	» »
5220	Prétendant à la Couronne	Pirodon	Pirodon	26	20	2 50	» »	4 »
5221	Content de son sort	Tournachon	—	26	20	2 50	» »	4 »

L'ÉCOLE MODERNE

5222	Séville	N° 29.	Saint Étienne	Laurens	19	27	2 50	» »	» »
5223	Femmes de Terracine	30.	Didier	—	19	27	2 50	» »	» »
5224	L'Après-Midi	31.	P. Flandrin	—	27	22	2 50	» »	» »
5225	Du temps d'Attila	32.	Andrieux	—	22	18	2 50	» »	» »
5226	Le Moine	33.	Diaz	—	27	17	2 50	» »	» »
5227	L'Offrande	34.	Millet	—	27	18	2 50	» »	» »
5228	Vaches normandes	35.	Troyon	—	20	26	2 50	» »	» »
5229	Ariane	36.	Tassaert	—	24	18	2 50	» »	» »

(Suite des n°s 2458 à 2461 du Catalogue et 4130 à 4155 du premier Supplément.)

PORTRAITS

5230	S. M. l'Empereur Napoléon III. (Buste ovale, grandeur nature)	A. Yvon	Lafosse	60	48	6 »	» »	12 »
5231	S. M. l'Impératrice Eugénie. (Costume de bal, buste ovale grandeur nature)	Lafosse	Lafosse	60	48	6 »	» »	12 »
5232	Isabelle II, reine d'Espagne	Girard	Lafosse	60	48	6 »	» »	12 »
5233	S. A. Le Prince Impérial	A. Yvon	S. Tessier	46	32	6 »	» »	12 »
5234	Le roi des Hellènes	Pingot	Pingot	67	47	4 »	7 »	15 »
5235	Le roi des Hellènes	Fuhr	Fuhr	35	27	1 50	» »	5 »

OUVRAGES ADOPTÉS

PAR LA COMMISSION NOMMÉE

PAR LA VILLE DE PARIS

POUR L'ENSEIGNEMENT DU DESSIN

DANS LES ÉCOLES MUNICIPALES

Cours de Dessin par LÉON COGNIET, lithographié.	par JULIEN.
Cours préparatoire suivant le programme du Gouvernement.	par JULIEN.
Études d'après l'Antique.	par JULIEN.
Cours progressif d'Ornements.	par CAROT.
Nouveaux Modèles d'Ornements.	par CAROT.
Portefeuille des Ornemanistes.	par CAROT.
Cours d'Ornements.	par BILORDEAUX.
Études d'Ornements.	par BILORDEAUX.

N° D'ORDRE	TITRES DES LITHOGRAPHIES	NOMS DES PEINTRES	N° D'ORDRE	TITRES DES LITHOGRAPHIES	NOMS DES PEINTRES

PUBLICATIONS SPÉCIALES A L'ÉTUDE DU DESSIN

DANS TOUS LES GENRES

GRANDES ET PETITES ÉTUDES AUX DEUX CRAYONS

LITHOGRAPHIÉES

PAR JULIEN

D'APRÈS LES MAITRES ANCIENS ET MODERNES

GRANDES ÉTUDES

Prix : en teinte, 3 fr. la feuille; rehaussée de couleurs, 5 fr. la feuille; coloriée sur fond noir, 12 fr. la feuille

Sur papier teinté de 65 cent. de hauteur sur 51 cent. de largeur

5236	151. Jésus-Christ.	MERLE.	5238	153. Pasqua Maria (Jeune fille tenant un petit agneau dans ses bras).	BROCHART.
5237	152. La Sainte Vierge.	MERLE.			

(Suite et pendants aux n°ˢ 3055 à 3174, 4166 à 4181, 4304 à 4311 et 4576 à 4581 déjà catalogués.)

PETITES ÉTUDES

Prix : en teinte, 2 fr. 50 c. la feuille; rehaussée de couleurs, 3 fr. 50 c. la feuille; coloriée sur fond noir, 6 fr. la feuille

Sur papier teinté de 49 cent. de hauteur sur 32 cent. de largeur

N° d'ordre	TITRES DES LITHOGRAPHIES	NOMS DES PEINTRES	N° d'ordre	TITRES DES LITHOGRAPHIES	NOMS DES PEINTRES
5239	181. Tête de jeune Fille............	Brochart.	5250	192. Mater Dolorosa, réd. du n° 149 des *Grandes Études*........	Cibot.
5240	182. Jeune Fille (la petite Laitière)......	Brochart.	5251	193. Jésus-Christ, réd. du n° 151 des *Grandes Études*........	Merle.
5241	183. La Vierge aux Candélabres......	Raphaël.	5252	194. La Sainte Vierge, réduction du n° 152 des *Grandes Études*........	Merle.
5242	184. Le Sacré Cœur de Marie, réduction du n° 142 des *Grandes Études*........	Cibot.	5253	195. Le Dragon de la Garde, réduction du n° 4 des *Groupes d'Études*........	Odier.
5243	185. Le Sacré Cœur de Jésus, réduction du n° 143 des *Grandes Études*........	Cibot.	5254	196. Le Chasseur de la Garde de 1813, réd. du n° 18 des *Groupes d'Études*.....	Géricault.
5244	186. N° S° del Carmen, réduction du n° 146 des *Grandes Études*............	Cibot.	5255	197. Le Cuirassier de 1814, réd. du n° 17 des *Groupes d'Études*........	Géricault.
5245	187. N° S° de la Merced, réduction du n° 145 des *Grandes Études*........	Cibot.	5256	198. La Corbeille de Fleurs, réduct. du n° 1 des *Groupes d'Études*........	Guet.
5246	188. Saint Jean de la Croix........	Taillasson.	5257	199. La Vierge et l'Enfant Jésus, réduction du n° 80 des *Grandes Études*.....	A. Dévéria.
5247	189. Saint Joseph, réduction du n° 150 des *Grandes Études*............	Murillo.	5258	200. La Vierge et l'Enfant Jésus, réduction du n° 8 des *Groupes d'Études*........	Brochart.
5248	190. Sainte Thérèse, réd. du n° 113 des *Grandes Études*............	Brochart.			
5249	191. Jésus portant sa Croix, réduction du n° 150 des *Grandes Études*........	Cibot.			

(Suite et pendants aux n°° 5175 à 5242, 4182 à 4186, et aux n°° 4512 à 4518 déjà catalogués.)

5259

NOUVELLE COLLECTION DE GROUPES D'ÉTUDES
LITHOGRAPHIÉS AUX DEUX CRAYONS PAR JULIEN
D'APRÈS LES MEILLEURS MAITRES DES DIVERS ÉCOLES

70 c. de hauteur sur 58 de largeur

51. La Vierge et l'Enfant Jésus, dite la Vierge au Donataire........................... | Raphaël.

(Suite et pendants aux n°° 5349 à 5372, 4187 à 4189 et 4319 à 4321 déjà catalogués.)

Prix de chaque feuille en teinte, 4 fr.; rehaussée, 7 fr.; couleur, fond noir, 14 fr.

AUX PROFESSEURS

En 1853, M. le ministre de l'Instruction publique nomma, pour organiser l'enseignement du dessin dans les lycées, une Commission composée ainsi qu'il suit :

MM. **FÉLIX RAVAISSON**, de l'Institut, Inspecteur général de l'enseignement supérieur pour les lettres, Président ;
BRONGNIART, de l'Institut, Inspecteur général de l'enseignement supérieur pour les sciences ;
INGRES, de l'Institut ;
PICOT, de l'Institut ;
SIMART, de l'Institut ;
EUGÈNE DELACROIX, Peintre d'histoire ;

MM. **BELLOC**, Directeur de l'École spéciale de dessin et de mathématiques ;
HIPPOLYTE FLANDRIN, Peintre d'histoire ;
MEISSONNIER, Peintre ;
JOUFFROY, Statuaire ;
DUC, Architecte du Palais de Justice ;
GUSTAVE PILLET, Chef de division au ministère de l'instruction publique.

C'est le plan d'études tracé par cette Commission que nous avons essayé de réaliser. Quelques passages du rapport adressé au ministre feront comprendre la route que nous avons suivie et le but que nous voulons atteindre. — Après avoir examiné et repoussé certaines méthodes, l'auteur du rapport s'exprime ainsi :

« Nous avons vu que la tête humaine est un objet trop complexe pour servir de premier modèle, qu'en cherchant dès son début à l'imiter, un commençant ne pouvait que prendre l'habitude de l'erreur. Dès lors nous sommes nécessairement ramenés à la méthode

TITRES DES LITHOGRAPHIES

qui a presque toujours prévalu, et que confirme l'autorité de tous les maîtres de l'art, à celle qui ne laisse aborder les ensembles qu'après l'étude approfondie des parties.

« La vue, dit Léonard de Vinci, a une action des plus promptes qui soient, et embrasse en un moment une infinité de formes ; néanmoins elle ne comprend qu'une chose à la fois. Supposons, lecteur, que tu regardes d'un coup d'œil toute cette page écrite : tu jugeras à l'instant qu'elle est pleine de différentes lettres, mais tu ne connaîtras pas dans ce peu de temps quelles lettres ce sont ni ce qu'elles veulent dire; il te faudra donc marcher mot à mot, ligne à ligne, pour comprendre ces lettres. Ou encore : si tu veux arriver au haut d'un édifice, il te faudra monter degré à degré, sans quoi il est impossible que tu parviennes en haut. Et, de même, je te dis, à toi, que la nature tourne vers cet art du dessin : Si tu veux avoir la vraie connaissance des choses, tu commenceras par leurs parties, et tu n'iras pas à la seconde que tu n'aies bien dans ta mémoire et dans ta pratique la première. Et, si tu fais autrement, tu perdras le temps, ou du moins tu allongeras l'étude. » (*Rapport de M. Ravaisson*, page 41.)

« ..... Nous nous arrêterons donc, comme on l'a toujours fait, à des fragments qui ont, dans une certaine mesure, leur destination particulière, leur caractère propre, leur individualité distincte : tels sont l'œil, l'oreille, la bouche, la main, etc. Assez simples pour ne pas dépasser l'intelligence d'un commençant, de semblables parties sont encore des ensembles; à ce titre, on peut les connaître par elles seules. (Page 45.)

« ..... Les parties une fois bien connues dans leurs éléments constitutifs, dans les principales variétés de formes, et sous les divers aspects qu'elles peuvent présenter, lorsque l'on arrive à un ensemble, on le connaît à demi, et, déjà familiarisé avec des éléments analogues à ceux dont il se compose, on le comprend plus vite, et on le représente mieux. (Page 58.)

« Les parties de la figure humaine doivent être en général, soit dans les modèles, soit dans les copies qu'on en fait faire aux élèves, de dimensions égales à celles de la nature, ou du moins qui en approchent. Car, dans les choses de petite dimension, on est plus exposé à ne pas tout voir, et on ne voit pas ses fautes comme on le fait dans de plus grandes. (Page 59.)

« La Commission pense que, pour former l'enseignement, à bien juger des formes et de leur caractère, le crayon est préférable à l'estompe. Le crayon représente les ombres par de simples traits ; ces traits, suivant le sens dans lequel on les trace, peuvent contrarier les formes dont ils doivent servir à exprimer le relief, ou, au contraire, en se conformant à elles, concourir, par leur direction même, à les mieux faire comprendre. Pour mettre les ombres avec le crayon, il faut donc observer à chaque instant et l'ensemble et les détails des formes avec les changements que peut leur faire subir le raccourci. Chaque trait, chaque hachure, devient ainsi un enseignement du caractère des choses, de leur construction anatomique et de leur perspective. Si donc l'emploi de l'estompe peut être quelquefois autorisé, si même il est utile d'apprendre de bonne heure à la manier, ne fût-ce que pour se rendre indépendant de tout procédé et de toute manière particulière d'exécuter, néanmoins l'instrument habituel, surtout au début, doit être le crayon. (Page 61.)

« ..... Par la raison qu'en toute chose la route qu'il faut prendre est celle qui conduit du simple au composé, ce ne seront pas des reliefs qui devront être les premiers modèles, mais des imitations du relief sur un plan. « Commencez, dit Léonard de Vinci, par copier des dessins de bons maîtres, vous copierez ensuite des figures en relief. » Des dessins, en effet, des estampes, ou même des photographies, n'offrent point des effets de perspective aussi trompeurs ou aussi énigmatiques que le font les reliefs; les lumières et les ombres n'y ont point la même magie et s'y laissent mieux comprendre. Enfin le travail même par lequel l'auteur du dessin ou de l'estampe a imité le relief est, pour celui qui cherche à l'imiter à son tour, une initiation nécessaire aux difficultés de l'art. On ne dessinera donc point des figures en relief qu'on ne soit en état de reproduire avec une exactitude suffisante des dessins ou des estampes. » (Page 62.)

Nous craindrions d'affaiblir l'autorité de ces paroles en les commentant; nous répétons que c'est une partie du plan tracé par la Commission que nous exécutons sous les titres de **Cours préparatoire** et d'**Études d'après l'Antique.**

Ces deux recueils viennent se joindre aux diverses collections de modèles déjà publiés par notre maison, et ils les compléteront, car nous les consacrons en entier à la reproduction de fragments antiques qui depuis longtemps nous étaient demandés.

Dans les **Études d'après l'Antique**, chaque fragment est reproduit trois fois : on trouve d'abord l'*Ébauche*, puis le *Trait arrêté*, puis enfin le *Modèle terminé*. Ces trois dessins occupent une ou deux feuilles, selon l'importance du sujet.

Nous publions, à la fois, deux éditions de ce cours : l'une imprimée en noir sur papier teinté (papier Ingres), et l'autre imprimée en rouge sur papier blanc. Cette dernière offrant l'imitation de dessins à la *Sanguine*, permet à l'élève l'emploi de ce crayon beaucoup trop négligé et donne aux professeurs le moyen d'apporter une utile variété dans les travaux des écoles.

Nous devons signaler une amélioration importante dans l'impression lithographique.

La lithographie a depuis longtemps remplacé la gravure dans cette branche de l'art; mais on a adressé à toutes deux un reproche commun. Dans l'impression, l'image dessinée sur la planche de métal ou sur la pierre se trouve renversée ; la partie qui est à droite sur la planche se reproduit à gauche sur l'épreuve ; les hachures librement tracées par la main de l'artiste, et dans le sens le plus facile

N° D'ORDRE	TITRE DES LITHOGRAPHIES	N° D'ORDRE	TITRES DES LITHOGRAPHIES

à imiter, paraissent en sens inverse sur la feuille de papier ; de là naissent des difficultés pour l'élève, souvent embarrassé lorsqu'il cherche à copier le travail de son modèle.

Grâce à l'emploi du papier autographique, ces inconvénients ont disparu : le dessin original, renversé une première fois du papier sur la pierre, est retourné de nouveau de la pierre sur le papier; et chaque épreuve offre ainsi, dans l'ensemble et dans tous les détails, le *fac-simile* de l'œuvre de l'artiste.

C'est le premier travail important entièrement exécuté par ce procédé ; il complète la méthode claire et positive de JULIEN, dont les œuvres sont devenues classiques, et se sont substituées presque partout à celles de ses devanciers dans l'enseignement d'un art qui fait aujourd'hui partie obligée de l'ensemble des études universitaires.

Le public et MM. les professeurs nous tiendront compte de ces nouveaux efforts. Nous en avons pour garants leur bienveillance habituelle et les soins que nous avons mis à répondre dignement à leur attente, quand la question a été si bien posée par nos maîtres.

NOUVELLES PUBLICATIONS

COURS PRÉPARATOIRE

SUIVANT LE PROGRAMME ADOPTÉ PAR LE GOUVERNEMENT

POUR L'ENSEIGNEMENT DU DESSIN DANS LES LYCÉES

OUVRAGE ADOPTÉ PAR LA VILLE DE PARIS

RECUEIL DE NOUVEAUX MODÈLES ÉLÉMENTAIRES DESSINÉS D'APRÈS L'ANTIQUE ET AUTOGRAPHIÉS

PAR JULIEN

Détail des n°° **3349, 4323** et **4582**, déjà catalogués.

DÉSIGNATION DES PLANCHES

1 à 24

N°	Désignation		N°	Désignation	
5260	1 et 2. Exercices. Lignes droites et courbes.		5261	3 à 24. Fragments présentés dans des situations variées.	

25 à 60

MASQUES

Chaque sujet est reproduit deux fois sur la feuille, le trait et le modèle terminé.

N°	Sujet	Vue		N°	Sujet	Vue	
5262	25. L'Afrique	Profil	Côté gauche.	5280	43. Julia Mammea	Profil	Côté gauche.
5263	26. Vénus de Milo	Profil	Côté gauche.	5281	44. Antinoüs	Profil bas-relief	Côté droit.
5264	27. Diane chasseresse	Profil fuyant	Côté gauche.	5282	45. Faune riant	Profil penché	Côté gauche.
5265	28. Julien de Médicis	Profil incliné	Côté gauche.	5283	46. Néron	Petit trois-quarts	Côté droit.
5266	29. Rome	Profil	Côté gauche.	5284	47. Le Gladiateur	Profil fuyant incliné	Côté droit.
5267	30. Achille	Profil penché	Côté gauche.	5285	48. Alexandre	Profil levé	Côté droit.
5268	31. Mercure grec	Profil	Côté droit.	5286	49. Jupiter Olympien	Profil	Côté droit.
5269	32. Germanicus	Profil penché	Côté droit.	5287	50. Bacchus Indien	Profil	Côté droit.
5270	33. Palémon	Profil	Côté droit.	5288	51. Alexandre	Profil levé	Côté droit.
5271	34. Apollon	Profil	Côté droit.	5289	52. Gladiateur	Profil levé	Côté gauche.
5272	35. Vénus de Milo	Profil incliné	Côté droit.	5290	53. Thalie	Profil	Côté gauche.
5273	36. Antinoüs	Profil	Côté droit.	5291	54. Vitellius	Petit trois-quarts	Côté droit.
5274	37. Faustine	Profil	Côté droit.	5292	55. Diane	Trois-quarts	Côté droit.
5275	38. Mercure	Profil	Côté droit.	5293	56. Vénus d'Arles	Trois-quarts incliné	Côté droit.
5276	39. Diane	Profil	Côté droit.	5294	57. Melpomène	Trois-quarts levé	Côté droit.
5277	40. J. Brutus	Profil	Côté droit.	5295	58. Bacchus grec	Trois-quarts	Côté droit.
5278	41. Vénus d'Arles	Profil incliné	Côté droit.	5296	59. Ariane	Trois-quarts baissé	Côté gauche.
5279	42. Ariane	Profil penché	Côté droit.	5297	60. Apollon	Trois-quarts incliné	Côté gauche.

N° D'ORDRE	TITRES DES LITHOGRAPHIES	N° D'ORDRE	TITRES DES LITHOGRAPHIES

61 à 69
TÊTES AU TRAIT, LÉGÈREMENT OMBRÉES

5298	61. **Fille de Niobé.** . . . . Profil incliné. . . . . . Côté gauche.	5303	66. **Thalie.** . . . . Petit trois-quarts . . . . Côté droit.
5299	62. **Achille.** . . . . Profil incliné avec casque. Côté droit.	5304	67. **Femme romaine.** . . . Profil . . . . Côté gauche.
5300	63. **Auguste.** . . . . Profil. . . . . Côté droit.	5305	68. **Achille.** . . . . Profil fuyant penché. . . . Côté droit.
5301	64. **Fille de Niobé.** . . . . Profil levé. . . . . . Côté droit.	5306	69. **Apollon.** . . . . Grand trois-quarts. . . . Côté gauche.
5302	65. **Amour grec.** . . . . . Trois-quarts penché. . Côté gauche.		

70 à 84
TÊTES TERMINÉES

5307	70. **Rome.** . . . . Profil avec casque. . . . Côté droit.	5315	78. **Tibère.** . . . . Petit trois-quarts. . . . Côté gauche.
5308	71. **Faune.** . . . . Petit trois-quarts. . . . Côté gauche.	5316	79. **Vénus de Milo.** . . . Petit trois-quarts. . . . Côté gauche.
5309	72. **Fille de Niobé.** . . . Trois-quarts penché. . . Côté gauche.	5317	80. **Faustine.** . . . . Profil. . . . . Côté droit.
5310	73. **Minerve.** . . . . Profil levé avec casque. . Côté gauche.	5318	81. **Vénus** (du Capitole). . Profil fuyant. . . . . . Côté droit.
5311	74. **Paris.** . . . . Profil fuyant. . . . . . Côté gauche.	5319	82. **Diane chasseresse.** Face.
5312	75. **Minerve Médicis.** . . Petit trois-quarts. . . . Côté gauche.	5320	83. **Minerve** (Villa Albani). Trois-quarts levé. . . . Côté droit.
5313	76. **Mercure.** . . . . Profil fuyant incliné. . . Côté gauche.	5321	84. **Laocoon.** . . . . Trois-quarts levé. . . . Côté droit.
5314	77. **Paris.** . . . . Trois-quarts penché. . . Côté droit.		

52 c. de hauteur sur 36 c. de largeur (format du cours Léon Cogniet)

Prix : 1 fr. 25 c. la feuille

ÉTUDES D'APRÈS L'ANTIQUE

AUTOGRAPHIÉES

PAR JULIEN

COLLECTION DES PLUS BEAUX MODÈLES CHOISIS DANS LES MUSÉES DE L'EUROPE ET GRADUÉS DEPUIS LES PREMIERS ÉLÉMENTS JUSQU'AUX ÉTUDES ACADÉMIQUES

POUR L'ENSEIGNEMENT DU DESSIN DANS LES LYCÉES

SUIVANT LE PROGRAMME DE LA COMMISSION NOMMÉE PAR SON EXCELLENCE LE MINISTRE DE L'INSTRUCTION PUBLIQUE

OUVRAGE ADOPTÉ PAR LA VILLE DE PARIS

EXERCICES ÉLÉMENTAIRES
SERVANT D'INTRODUCTION ET PRÉCÉDANT LE COURS
CONTENANT LES MODÈLES LES PLUS SIMPLES

DEPUIS LE TRACÉ DES LIGNES DROITES ET COURBES JUSQU'À LA REPRÉSENTATION DES CORPS GÉOMÉTRIQUES ET RÉGULIERS

Des notes écrites en marge et prises dans les meilleurs traités relatifs à l'enseignement du dessin, donnent l'indication d'une marche graduée, d'une méthode complète et permettent à tous les professeurs de guider facilement leurs jeunes élèves.

C'est le premier ouvrage que l'on doive mettre entre les mains des enfants.

12 planches, n°s 1 à 12 sont en vente

DÉSIGNATION DES PLANCHES DU COURS

PRINCIPES ÉLÉMENTAIRES

Ces premières planches se composent de fragments élémentaires (Yeux, Nez, Bouches, Oreilles), présentés sous tous les aspects et diversement éclairés. Chaque numéro contient deux fragments répétés trois fois sur la feuille : l'ébauche, le trait et le dessin terminé.

5522 à 5539	1 à 6. **Yeux.** 7 à 12. **Nez.** 13 à 18. **Bouches.**	5540 à 5557	19 à 24. **Oreilles.** 25 à 36. **Yeux, Nez, Bouches, Oreilles** réunis.

N° D'ORDRE	TITRES DES LITHOGRAPHIES	N° D'ORDRE	TITRES DES LITHOGRAPHIES

57 A 132
MASQUES

Chaque sujet occupe deux feuilles : la première renferme l'ébauche et le trait légèrement ombré; la seconde le modèle terminé.

N°		N°	
5358	37. **Vénus** (du Capitole). . Profil. . . . . . L'ébauche et le trait.	5406	85. **Psyché** (de Naples). . Profil baissé. . . . L'ébauche et le trait.
5359	38. Id. . . . . Id. . . . . . Modèle terminé.	5407	86. Id. . . . . Id. . . . . . Modèle terminé.
5360	39. **Minerve** (Medica). . . Profil. . . . . L'ébauche et le trait.	5408	87. **Pâris**. . . . . Profil incliné. . . L'ébauche et le trait.
5361	40. Id. . . . . Id. . . . . . Modèle terminé.	5409	88. Id. . . . . Id. . . . . . Modèle terminé.
5362	41. **Isis**. . . . . Profil. . . . . L'ébauche et le trait.	5410	89. **Atalante**. . . . . . Profil levé. . . . L'ébauche et le trait.
5363	42. Id. . . . . Id. . . . . . Modèle terminé.	5411	90. Id. . . . . Id. . . . . . Modèle terminé.
5364	43. **Pallas**. . . . . . . Profil perdu. . . L'ébauche et le trait.	5412	91. **Bacchante**. . . . . Petit trois-quarts. . L'ébauche et le trait.
5365	44. Id. . . . . Id. . . . . . Modèle terminé.	5413	92. Id. . . . . Id. . . . . . Modèle terminé.
5366	45. **Vénus** (d'Arles). . . Profil baissé. . . L'ébauche et le trait.	5414	93. **Thalie**. . . . . . . Profil fuyant. . . L'ébauche et le trait.
5367	46. Id. . . . . Id. . . . . . Modèle terminé.	5415	94. Id. . . . . Id. . . . . . Modèle terminé.
5368	47. **Castor**. . . . . . . Profil baissé. . . L'ébauche et le trait.	5416	95. **Fille de Niobé**. . . Petit trois quarts-levé. L'ébauche et le trait.
5369	48. Id. . . . . Id. . . . . . Modèle terminé.	5417	96. Id. . . . . Id. . . . . . Modèle terminé.
5370	49. **Minerve** (Villa Albani). Profil levé. . . L'ébauche et le trait.	5418	97. **Diane**. . . . . . . Petit trois quarts-penché. L'ébauche et le trait.
5371	50. Id. . . . . Id. . . . . . Modèle terminé.	5419	98. Id. . . . . Id. . . . . . Modèle terminé.
5372	51. **Brutus**. . . . . . . Profil droit. . . . L'ébauche et le trait.	5420	99. **Vénus** (du Capitole). . Trois-quarts. . . L'ébauche et le trait.
5373	52. Id. . . . . Id. . . . . . Modèle terminé.	5421	100. Id. . . . . Id. . . . . . Modèle terminé.
5374	53. **Salmacis**. . . . . . Profil baissé. . . L'ébauche et le trait.	5422	101. **Vitellius**. . . . . Profil. . . . . . L'ébauche et le trait.
5375	54. Id. . . . . Id. . . . . . Modèle terminé.	5423	102. Id. . . . . Id. . . . . . Modèle terminé.
5376	55. **Melpomène**. . . . . Profil. . . . . . L'ébauche et le trait.	5424	103. **Apollon**. . . . . . Petit trois-quarts. . L'ébauche et le trait.
5377	56. Id. . . . . Id. . . . . . Modèle terminé.	5425	104. Id. . . . . Id. . . . . . Modèle terminé.
5378	57. **Mercure**. . . . . . Profil incliné. . . L'ébauche et le trait.	5426	105. **Omphale**. . . . . . Trois-quarts. . . L'ébauche et le trait.
5379	58. Id. . . . . Id. . . . . . Modèle terminé.	5427	106. Id. . . . . Id. . . . . . Modèle terminé.
5380	59. **Tibère**. . . . . . . Profil droit. . . . L'ébauche et le trait.	5428	107. **Mercure**. . . . . . Trois-quarts baissé. L'ébauche et le trait.
5381	60. Id. . . . . Id. . . . . . Modèle terminé.	5429	108. Id. . . . . Id. . . . . . Modèle terminé.
5382	61. **Le Silence**. . . . . Profil. . . . . . L'ébauche et le trait.	5430	109. **Eurydice**. . . . . Profil. . . . . . L'ébauche et le trait.
5383	62. Id. . . . . Id. . . . . . Modèle terminé.	5431	110. Id. . . . . Id. . . . . . Modèle terminé.
5384	63. **Drusus**. . . . . . . Profil fuyant ou perdu. L'ébauche et le trait.	5432	111. **Thalie**. . . . . . Profil. . . . . . L'ébauche et le trait.
5385	64. Id. . . . . Id. . . . . . Modèle terminé.	5433	112. Id. . . . . Id. . . . . . Modèle terminé.
5386	65. **Démosthène**. . . . . Profil incliné. . . L'ébauche et le trait.	5434	113. **Faune** (du Capitole). . Profil incliné. . L'ébauche et le trait.
5387	66. Id. . . . . Id. . . . . . Modèle terminé.	5435	114. Id. . . . . Id. . . . . . Modèle terminé.
5388	67. **Bacchus**. . . . . . Profil perdu. . . . L'ébauche et le trait.	5436	115. **Atalante**. . . . . Petit trois-quarts. . L'ébauche et le trait.
5389	68. Id. . . . . Id. . . . . . Modèle terminé.	5437	116. Id. . . . . Id. . . . . . Modèle terminé.
5390	69. **Latone**. . . . . . . Profil levé. . . . L'ébauche et le trait.	5438	117. **Pallas** (de Velletri). . Profil droit. . . L'ébauche et le trait.
5391	70. Id. . . . . Id. . . . . . Modèle terminé.	5439	118. Id. . . . . Id. . . . . . Modèle terminé.
5392	71. **Discobole**. . . . . Profil. . . . . . L'ébauche et le trait.	5440	119. **Athys**. . . . . . . Trois-quarts baissé. L'ébauche et le trait.
5393	72. Id. . . . . Id. . . . . . Modèle terminé.	5441	120. Id. . . . . Id. . . . . . Modèle terminé.
5394	73. **L'Afrique**. . . . . Trois-quarts. . . . L'ébauche et le trait.	5442	121. **Méléagre**. . . . . Profil fuyant. . . L'ébauche et le trait.
5395	74. Id. . . . . Id. . . . . . Modèle terminé.	5443	122. Id. . . . . Id. . . . . . Modèle terminé.
5396	75. **Rome**. . . . . . . Trois-quarts. . . . L'ébauche et le trait.	5444	123. **Leucothoé**. . . . Profil incliné. . . L'ébauche et le trait.
5397	76. Id. . . . . Id. . . . . . Modèle terminé.	5445	124. Id. . . . . Id. . . . . . Modèle terminé.
5398	77. **Fils de Niobé**. . . Profil fuyant levé. . L'ébauche et le trait.	5446	125. **Clotho**. . . . . . Face. . . . . . L'ébauche et le trait.
5399	78. Id. . . . . Id. . . . . . Modèle terminé.	5447	126. Id. . . . . Id. . . . . . Modèle terminé.
5400	79. **Apollon**. . . . . . Profil perdu. . . . L'ébauche et le trait.	5448	127. **Le Gladiateur**. . . Trois-quarts levé. . L'ébauche et le trait.
5401	80. Id. . . . . Id. . . . . . Modèle terminé.	5449	128. Id. . . . . Id. . . . . . Modèle terminé.
5402	81. **Diane** (de Gabies). . Profil fuyant baissé. L'ébauche et le trait.	5450	129. **Germanicus**. . . . Trois-quarts baissé. L'ébauche et le trait.
5403	82. Id. . . . . Id. . . . . . Modèle terminé.	5451	130. Id. . . . . Id. . . . . . Modèle terminé.
5404	83. **Fils de Niobé**. . . Profil levé. . . . L'ébauche et le trait.	5452	131. **Faune**. . . . . . Trois-quarts baissé. L'ébauche et le trait.
5405	84. Id. . . . . Id. . . . . . Modèle terminé.	5453	132. Id. . . . . Id. . . . . . Modèle terminé.

CET OUVRAGE EXISTE AUSSI DESSINÉ A LA SANGUINE

132 planches et 12 feuilles Exercices élémentaires servant d'introduction forment le nombre de 144 planches publiées à ce jour.

45 c. de hauteur sur 34 c. de largeur

Prix de chaque feuille, sur papier teinté (papier Ingres), 1 fr.; à la sanguine, sur papier blanc, 1 fr.

SE CONTINUE TRÈS-ACTIVEMENT

N° D'ORDRE	TITRES DES LITHOGRAPHIES	NOMS DES PEINTRES	N° D'ORDRE	TITRES DES LITHOGRAPHIES	NOMS DES PEINTRES

NOUVEAU COURS DE DESSIN PAR L. COGNIET
LITHOGRAPHIÉ SUR PAPIER BLANC PAR JULIEN

COLLECTION DE MODÈLES GRADUÉS DEPUIS LES PREMIERS ÉLÉMENTS JUSQU'AUX ÉTUDES ACADÉMIQUES, GROUPES, ETC.

52 c. de hauteur sur 36 c. de largeur

OUVRAGE ADOPTÉ PAR LA VILLE DE PARIS

N°⁵ 115 à 139 faisant suite aux n°⁵ 3345 et 4324 déjà catalogués.

N°	Titre	Peintre	N°	Titre	Peintre
5454	115 Étude	d'après Léon Cogniet.		drapée)	d'après Murillo.
5455	116 Tête de Vierge	— Raphael.	5467	128 La Transfiguration de N. S. (acad. drapée)	— Raphael.
5456	117 Étude	— Merle.	5468	129 La Madeleine (acad. drapée)	— Lesueur.
5457	118 Sainte Thérèse	— Brochart.	5469	130 Étude	— Lesueur.
5458	119 Tête de Vierge	— Murillo.	5470	131 La Reine des Cieux	— Sasso-Ferrato.
5459	120 Saint Joseph	— Murillo.	5471	132 Sainte Thérèse	— Gérard.
5460	121 Tête de Vierge	— Raphael.	5472	133 La Vierge et l'Enfant Jésus	— Raphael.
5461	122 La Vierge aux Candélabres	— Raphael.	5473	134 Le Christ mort sur la Croix	— P. de Champagne.
5462	123 Groupes de jeunes Filles, brune et blonde	— Couture.	5474	135 Étude	— Raphael.
5463	124 Les Moissonneuses	— Landelle.	5475	136 Étude	— Lesueur.
5464	125 La Vierge au Raisin	— Mignard.	5576	137 Étude	— Raphael.
5465	126 La Vierge à la Chaise	— Raphael.	5477	138 Saint Pierre, étude	— Raphael.
5466	127 L'Immaculée Conception (acad.		5478	139 Étude	— Raphael.

Prix : 1 fr. 25 c. chaque feuille

5479

GRANDS ÉLÉMENTS SERVANT D'INTRODUCTION ET PRÉCÉDANT LE COURS
N°⁵ 25 à 48
PAR JULIEN

Ce qui porte maintenant l'ouvrage au chiffre total de 187 planches

Prix : 1 fr. 25 c. chaque feuille

Nota. Ces nouvelles feuilles font suite aux n°⁵ 3345, 4324 et 4583 déjà catalogués. 139 feuilles déjà cataloguées et 48 feuilles des Grands Éléments d'Introduction forment bien le nombre de 187 planches publiées à ce jour.

5480

COURS ÉLÉMENTAIRE DE DESSIN
PAR JULIEN

CHOIX MÉTHODIQUE DE MODÈLES GRADUÉS DEPUIS LES PREMIERS ÉLÉMENTS JUSQU'AUX FIGURES ACADÉMIQUES
D'APRÈS NATURE ET D'APRÈS LES TABLEAUX DES MEILLEURS PEINTRES

60 PLANCHES NOUVELLES, n°⁵ 181 à 240, faisant suite aux n°⁵ 3346 et 4584 déjà catalogués.

Prix de chaque feuille SUR PAPIER BLANC : 60 c.

Nota. — Les mêmes feuilles existent aux deux crayons, noir et blanc, et se vendent 1 fr. la feuille

Format quart jésus, 35 c. de hauteur sur 27 c. de largeur

N° D'ORDRE	TITRES DES LITHOGRAPHIES	N° D'ORDRE	TITRES DES LITHOGRAPHIES

PAYSAGE

5481 — **L'ÉTUDE DU PAYSAGE PAR A. CALAME**
COLLECTION DE MODÈLES ÉLÉMENTAIRES ET GRADUÉS FORMANT UN COURS COMPLET
AUTOGRAPHIÉ D'APRÈS NATURE

13 livraisons, n°ˢ 13 à 168 sont en vente et font suite au n° 4611 déjà catalogué

NOTA. — RIEN D'AUSSI ÉLÉMENTAIRE ET DE MIEUX GRADUÉ N'A PARU JUSQU'A CE JOUR

Prix de chaque feuille : 75 cent.

28 c. de hauteur sur 36 c. de largeur

5482 — **LE PEINTRE DE PAYSAGES**
ŒUVRES CHOISIES DES PREMIERS PEINTRES DE PAYSAGES, DE GENRE, D'ANIMAUX
NOUVELLES ÉTUDES AUX DEUX CRAYONS
LITHOGRAPHIÉES PAR LES ARTISTES LES PLUS DISTINGUÉS

N°ˢ 13 à 18 faisant suite au n° 4598 déjà catalogué

LES PRINCIPAUX ARTISTES QUI ONT ÉTÉ REPRODUITS DANS CETTE DEUXIÈME SÉRIE DE 6 PLANCHES SONT : TH. FRÈRE, KARL GIRARDET, ISABEY, FÉROGIO

Prix de chaque feuille : 1 fr. 50 c. et en couleur, 3 fr. 50 c.

(Genre et format de l'ouvrage la Campagne)

GENRE

5483 — **NOUVELLE COLLECTION DE FIGURES PITTORESQUES**
CROQUIS D'ATTITUDES, DE GESTES ET DE MOUVEMENTS VARIÉS
AUTOGRAPHIÉS PAR FÉROGIO

Chaque croquis occupe deux feuilles : l'une présentant l'esquisse, l'autre le modèle terminé. — Cet ouvrage est imprimé sur papier teinté (papier Ingres)

45 cent. de hauteur sur 34 cent. de largeur

72 PLANCHES SONT EN VENTE

Prix de chaque feuille, 75 cent.

SE CONTINUE ACTIVEMENT

ORNEMENTS

COURS PROGRESSIF D'ORNEMENTS
COMPOSÉ SUR LES MEILLEURS MODÈLES DE CHAQUE ÉPOQUE ET D'APRÈS NATURE
PAR J. CAROT
OUVRAGE ADOPTÉ PAR LA VILLE DE PARIS

5484	49. **Montant à la cathédrale de Chartres** (Renaissance).	5490	55. **Frise à l'église des Franciscains à Goritz** (Renaissance.)
5485	50. **Panneau d'une porte armoriée** (Renaissance).	5491	56. **Partie d'un panneau à l'église Saint-Pierre à Pérouse** (Renaissance).
5486	51. **Chapiteau au tombeau de Louis XII à Saint-Denis** (Renaissance.)	5492	57. **Rinceau** tiré d'une boiserie Louis XIII.
5487	52. **Chapiteau et partie d'entablement à Goritz** (Renaissance)	5493	58. **Fragment d'un panneau** (Louis XV).
5488	53. **Frise**, par Michel-Ange (église de la Charité à Lucques, Renaissance).	5494	59. **Mascaron** par Ghiberti à Pistoie (Renaissance).
5489	54. **Frise**, par Michel-Ange (église de la Charité à Lucques, Renaissance).	5495	60. **Montant à la cathédrale de Chartres** (Renaissance).

Nº D'ORDRE	TITRES DES LITHOGRAPHIES	Nº D'ORDRE	TITRES DES LITHOGRAPHIES
5496	61. **Chapiteau du palais de Otto Henry à Heidelberg.**	5522	87. **Clef d'archivolte à la fontaine des Innocents** (Renaissance).
5497	62. **Fragments de l'Époque de la Renaissance.**	5523	
5498	63. **Partie de rinceau à Saint-Étienne du Mont.**	5524	88. **Partie de décors d'un pilastre** (gothique).
5499	64. **Décors d'un pilastre** (Renaissance).	5525	89. **Détail au portail de Notre-Dame de Paris** (gothique).
5500	65. **Portail de Saint-Germain l'Auxerrois.**	5526	90. **Partie de frise à Notre-Dame de Paris** (gothique).
5501	66. **La Guerre** (Trophée à l'Hôtel des Invalides, à Paris).	5527	91. **Partie de Montant** (Renaissance italienne).
5502	67. **La Marine** (Trophée à l'Hôtel des Invalides, à Paris).	5528	92. **Chapiteau à l'église de Poissy** (XIIIe siècle).
5503	68. **Partie de rinceau** (style Louis XIII).	5529	93. **Fragment** (Renaissance italienne).
5504	69. **Rinceaux d'un balcon** imité de Lepaute.	5530	94. **Culot à Notre-Dame de Paris** (gothique).
5505	70. **Angle de frise à Saint-Étienne du Mont.**	5531	95. **Frise aux piédestaux des Chevaux de Marly** (style Louis XVI).
5506	71. **Partie de frise à Saint-Étienne du Mont.**		
5507	72. **Cariatide du palais de Otto-Henry à Heidelberg.**	5532	96. **Oves et parties de rinceaux** (Renaissance).
5508	73. **Frise à Notre-Dame de Paris** (style gothique).	5533	97. **Chapiteau au vieux Clocher de Chartres.**
5509	74. **Partie de boiserie** (Louis XIV).	5534	98. **Montant au portail de Notre-Dame de Paris**
5510	75. **Rinceau au portail de Notre-Dame de Paris** (style gothique).	5535	99. **Fragment à Notre-Dame de Paris.**
		5536	100. **Première fausse fenêtre à la cathédrale de Cordoue.**
5511	76. **Cartouche d'une fontaine publique** (style Louis XV).	5537	101. **Partie de chapiteau des pilastres extérieurs au Tribunal de Commerce.**
5512	77. **Tête de lion** d'un vase antique au musée du Vatican.		
5513	78. **Rinceau** d'après Salambier (style Louis XVI).	5538	102. **Demi-rosace** décorant des pilastres à l'entrée des châteaux de Mantonillet.
5514	79. **Frise intérieure à Saint-Paul-Saint-Louis** (style Louis XIII).		
		5539	103. **Chapiteau de colonnette au portail de Notre-Dame de Paris.**
5515	80. **Frise à Saint-Merry** (style Louis XV).		
5516	81. **Rinceau au portail de Notre-Dame de Paris** (style gothique).	5540	104. **Branche de chêne et de laurier au Louvre.**
		5541	105. **Frise de l'ancien Jubé de Notre-Dame de Paris.**
5517	82. **Partie de rinceau à Notre-Dame de Paris.**	5542	106. **Frise extérieure de la coupole du Tribunal de Commerce à Paris.**
5518	83. **Partie de pilastre** d'une grille Louis XV.		
5519	84. **Chapiteau de la colonne Saint-Laurent** à Rome (antique).	5543	107. **Chapiteau et partie de montant byzantins à la cathédrale de Poitiers.**
5520	85. **Détails d'une frise gothique.**		
5521	86. **Chapiteau de pilastre** (Renaissance allemande).	5544	108. **Deuxième fausse fenêtre à la cathédr. de Cordoue.**

(Suite aux nºˢ 4204 à 4227 et 4449 à 4472 déjà catalogués)

Prix de chaque feuille : papier blanc, 60 c.; papier teinté, 1 fr.

45 c. de hauteur sur 32 c. de largeur

NOUVEAUX MODÈLES D'ORNEMENTS
DE DIFFÉRENTS STYLES
RECUEILLIS SUR LA NATURE, LES MONUMENTS, LES OBJETS D'ART DE TOUS LES TEMPS ET DE TOUS LES PEUPLES
EXÉCUTÉS AUX DEUX CRAYONS PAR J. CAROT
OUVRAGE ADOPTÉ PAR LA VILLE DE PARIS

5545	25. **Couronnement d'un fronton à Versailles** (st. Louis XIV).	5554	34. **Frise et chapiteau** à Saint-Julien.
5546	26. **Anges adorateurs** à l'un des portails de la cathédrale de Reims (style gothique, XVe siècle).	5555	35. **Chapiteau** au Louvre.
		5556	36. **Bas-relief d'un vase antique.**
5547	27. **Partie des rinceaux dits de Médicis** (style gréco-romain).	5557	37. **Chapiteau au Tribunal de Commerce** à Paris.
5548	28. **Jet d'eau à Versailles** (style Louis XIV).	5558	38. **Chapiteau à la cathédrale de Poitiers.**
5549	29. **Chapiteau et pilastre d'intérieur** (style Louis XIV).	5559	39. **Décors de l'acrotère du Tribunal de Commerce à Paris.**
5550	30. **Armoiries imitées** de Virgilius Solis (XIVe siècle).	5560	40. **Reliquaire en bois doré.**
5551	31. **Chapiteau de pilastre** au Louvre.	5561	41. **Fragment à Notre-Dame de Paris.**
5552	32. **Vase et piédestal** à Versailles.	5562	42. **Le Printemps**, cartouche d'un hôtel Louis XIV.
5553	33. **Frise du portail de Saint-Étienne du Mont**, à Paris.		

(Faisant suite aux nºˢ 4192 à 4205 et 4556 à 4567 déjà catalogués)

Prix : 1 fr. 50 c. la feuille

GRANDES ÉTUDES D'ORNEMENTS AUX DEUX CRAYONS
COLLECTION DES PLUS BEAUX MODÈLES EXÉCUTÉS D'APRÈS NATURE
PAR J. CAROT
LISTE DES PLANCHES PUBLIÉES

5563	1. **Panneau à Notre-Dame de Paris en 1700**, par J. de Goulon, première partie.	5565	3. **Le Christ.** — Médaille ornée de fleurs et de fruits naturels symbolisant l'Eucharistie.
5564	2. **Panneau à Notre-Dame de Paris en 1700** par J. de Goulon, deuxième partie.	5566	4. **La Sainte Vierge.** — Médaille ornée de fleurs naturelles symbolisant l'Innocence et la Pureté
	Ce panneau, exécuté en deux feuilles, se raccorde au moyen de points de repère désignés et forme un ensemble d'une longueur d'un 1 m, (le sur une largeur de 0 m 45. Cependant chaque feuille séparée constitue à l'état seul un motif.	5567	5. **Notre-Dame des Victoires de Paris.**
		5568	6. **Balcon orné d'une guirlande de fleurs naturelles.** Ces deux motifs réunis présenteront Notre-Dame des Victoires de Paris, figurée à un balcon orné d'une guirlande de fleurs naturelles.

Prix de chaque feuille aux deux crayons, 2 fr.; rehaussée de couleur, 3 fr.

Sur papier teinté de 65 cent. de hauteur sur 54 cent. de largeur (format des GRANDES ÉTUDES JULIEN)

N° D'ORDRE	TITRES DES LITHOGRAPHIES
5569	**PETIT COURS GRADUÉ D'ORNEMENTS** EXÉCUTÉ AUX DEUX CRAYONS PAR F. ARCADIUS CHOIX DE MODÈLES FACILES ET LARGEMENT FAITS **OUVRAGE DESTINÉ AUX ÉCOLES CHRÉTIENNES** 23 PLANCHES A DEUX MOTIFS SUR LA FEUILLE SONT EN VENTE Prix de chaque feuille, 60 c. 31 cent. de hauteur sur 45 cent. de largeur SE CONTINUE
	## ORNEMENTS A LA PLUME
5570	**ALBUM LOUIS XVI** CHOIX D'ORNEMENTATION DES PRINCIPAUX ARTISTES DE CETTE ÉPOQUE DESSINÉ ET LITHOGRAPHIÉ PAR ALPHONSE GUILLETAT **13 à 22.** 40 planches faisant suite au n° 4475 déjà catalogué C'EST LE SEUL OUVRAGE SPÉCIAL SUR CE STYLE D'ORNEMENTATION TRÈS-RECHERCHÉ AUJOURD'HUI Prix : 75 c chaque feuille 45 centimètres de hauteur sur 32 centimètres de largeur
5571	**NOUVEAUX ORNEMENTS** APPLICABLES A LA BIJOUTERIE, L'ORFÉVRERIE, ETC. GRAVÉS PAR GOESIN 5 FEUILLES SONT EN VENTE 40 centimètres de hauteur sur 29 centimètres de largeur Prix de chaque feuille, 80 c.
5572	**BIJOUTERIE DE FANTAISIE** PETIT RECUEIL CONTENANT UN CHOIX DE BIJOUX LES PLUS VARIÉS GRAVÉ PAR GOESIN 15 FEUILLES SONT EN VENTE 32 centimètres de hauteur sur 22 centimètres de largeur Prix de chaque feuille, 40 c.
5573	**NOUVEAUX MODÈLES DE BIJOUTERIE** COLLECTION CHOISIE PARMI LES BIJOUX LES PLUS JOLIS ET LES PLUS VARIÉS GRAVÉE PAR GOESIN OUVRAGE UNIQUE DANS SON GENRE. — 120 FEUILLES SONT EN VENTE 40 centimètres de hauteur sur 29 centimètres de largeur Prix : 80 c. la feuille

DESSIN LINÉAIRE ET LAVIS

MÉCANIQUE

CHOIX DE
MODÈLES DE DESSIN LINÉAIRE
LAVÉS A L'EFFET ET IMPRIMÉS EN PLUSIEURS COULEURS

DESTINÉS AUX ÉCOLES INDUSTRIELLES

DESSINÉS ET LITHOGRAPHIÉS

PAR F. ARCADIUS, CHENENEAU ET FOUCHÉ

CETTE COLLECTION EST DIVISÉE EN DEUX PARTIES

LA PREMIÈRE PARTIE

Destinée aux élèves qui commencent l'étude du Dessin linéaire, offre une série d'exercices élémentaires et gradués donnés comme application du tracé géométrique et du raccordement des lignes. Ces modèles, pris généralement dans la Marqueterie, la Vitrerie, le Carrelage et la Fonte de Fer, ont l'avantage de réunir la grâce à la simplicité de l'exécution.

LA DEUXIÈME PARTIE

Destinée aux élèves plus avancés, contient des motifs nombreux et variés puisés dans l'Ébénisterie, la Serrurerie, la Maçonnerie, la Charpente, et plus spécialement dans la **Mécanique**. Cette partie est donnée comme application des projections, etc.

DÉSIGNATION DES PLANCHES PARUES

N° D'ORDRE	TITRES DES LITHOGRAPHIES	N° D'ORDRE	TITRES DES LITHOGRAPHIES
5574	41. **Machine à vapeur horizontale à condensation et à détente variable**, construite par M. L. Bréval.	5592	59. **Machine à vapeur locomotive à grande vitesse du chemin de fer de Lyon** (voyageurs).
5575	42. **Meules d'une huilerie.**	5593	60. **Pompes d'épuisement** par MM. Mazeline frères, système de M. Letestu.
5576	43. **Tender du chemin de fer de Lyon**, construit par M. Farcot.	5594	61. **Machine à vapeur à tige oscillante** (système Legendre).
5577	44. **Machine à percer les métaux.**	5595	62. **Pompe d'épuisement fonctionnant par locomobile** (système Letestu) employée pour la construction du canal Saint-Martin.
5578	45. **Porte-croisée** (menuiserie).		
5579	46. **Porte d'allée à deux vantaux** (menuiserie-serrurerie).		
5580	47. **Machine à vapeur portative** construite par M. L. Bréval, ingénieur-mécanicien à Paris.	5596	63. **Grues hydrauliques**, pour l'alimentation des tenders, établies sur le chemin de fer de Paris à Saint-Germain.
5581	48. **Machine alimentaire, dite Cheval d'alimentation**, construite par M. E. Bourdon, ingénieur-mécanicien à Paris.	5597	64. **Scie locomobile à plusieurs lames**, par M. Frey, mécanicien à Paris.
5582	49. **Grille.**	5598	65. **Porte d'entrée du collège Stanislas**, situé rue Notre-Dame-des-Champs à Paris (Architecture).
5583	50. **Petit découpoir** construit par M. Steinmetz, mécanicien à Paris.		
5584	51. **Grand escalier du Conservatoire des arts et métiers** (ancienne abbaye de Saint-Martin des Champs).	5599	66. **Architecture moderne**, d'après les annexes de l'Hôtel de Ville de Paris (Porte d'entrée).
5585	52. **Wagon de 3ᵉ classe du chemin de fer de Lyon.**	5600	67. **Marteau-pilon hydraulique**, par MM. Guillemin et Minarie.
5586	53. **Machine à percer les galeries souterraines**, système de MM. Vallauri et Bucquet.	5601	68. **Machine-outil** pour façonner les assemblages des bois à l'usine de Graffenstaden.
5587	54. **Martinet de forge à cylindre oscillant des ateliers de Graffenstaden** (Bas-Rhin).	5602	69. **Machine à vapeur à cylindre courbe**, par M. le prince A. de Polignac. Étude et dessins de M. E. Bouchard (construite par M. Rouffet aîné, à Paris).
5588	55. **Machine à concasser l'avoine, modèle des concasseurs** construits par M. Kein à Thann. Élévation de face du concasseur.	5603	70. **Dessin d'une des guérites de la Banque de France à Paris** (menuiserie).
5589	56. **Machine à concasser l'avoine, modèle des concasseurs** construits par M. Kein à Thann. Élévation latérale du concasseur.	5604	71. **Dessin d'une machine verticale fixe de la force de 5 chevaux**, par MM. Hermann-Lachapelle et Glover, mécaniciens à Paris.
5590	57. **Forge portative à ventilateur** construite par M. Ilick.		
5591	58. **Machine à vapeur verticale à deux cylindres superposés** (système de M. Scribe).	5605	72. **Wagon-écurie pour le transport des chevaux sur les chemins de fer.**

N° D'ORDRE	TITRES DES LITHOGRAPHIES	N° D'ORDRE	TITRES DES LITHOGRAPHIES
5606	73. **Bureau de surveillance des voitures de place dans Paris** (Menuiserie).	5636	103. **Porte d'allée à deux vantaux**.
5607	74. **Réservoir d'alimentation** construit sur le chemin de fer du Midi (Charpente).	5637	104. **Culée-poterne d'un pont tournant en tôle de fer**, partie supérieure pouvant se raccorder avec le n° 117, qui est la partie inférieure de cette même poterne.
5608	75. **Dessin d'une machine à essayer les ressorts** par M. Frey, mécanicien à Paris.	5638	105. **Balcon de croisée**, modèle de Barbezat et C¹⁰.
5609	76. **Pompes doubles à piston sans frottement**, par M. Nillus jeune.	5639	106. **Guindeau des bateaux Oriolle**.
5610	77. **Machine à vapeur locomotive mixte à quatre roues couplées** du chemin de fer de Mulhouse.	5640	107. **Console et lanterne du Grand-Hôtel**, boulevard des Capucines, à Paris, par MM. Thauvin et C¹⁰.
5611	78. **Machine à vapeur horizontale de la force de 8 chevaux**, construite par M. Gilmer, à Paris.	5641	108. **Appareil à fabriquer les eaux gazeuses** de M. S. François.
		5642	109. **Machine locomobile** à deux cylindres et à changement de marche, de MM. Vincent, Sautory et C¹⁰, 12, rue des Écluses-Saint-Martin, à Paris, servant aux bateaux-porteurs (système Bouquié).
5612	79. **Porte d'entrée d'une habitation particulière** près la gare du chemin de fer à Auteuil-Paris (Menuiserie).	5643	110. **Porte de la caserne des Petits-Pères**, construite par M. Derasse sous la direction de M. Grisart, architecte.
5613	80. **Porte du palais de Justice**, rue de la Sainte-Chapelle à Paris (Serrurerie).	5644	111. **Marteau-pilon**, de MM. Cail et C¹⁰.
5614	81. **Monte-charge continu** établi à l'usine Saint-Jacques près Montluçon (Allier).	5645	112. **Vase**, modèle de Barbezat et C¹⁰ (fonte de fer).
		5646	113. **Lanterne du Grand-Hôtel**, pour vestibules et escaliers (modèle de MM. Thauvin et C¹⁰).
5615	82. **Tender-type à six roues** pour machines locomotives.	5647	114. **Scierie verticale à plusieurs lames**, débitant deux madriers à la fois, de MM. Bernier aîné et F. Arbey (vue de face).
5616	83. **Machine-locomobile à grande vitesse**, système anglais (voyageurs).	5648	115. **Machine à cintrer les tôles**, par Mazeline et C¹⁰, au Havre.
5617	84. **Machine à vapeur** du bateau dragueur *le Clyde*.	5649	116. **Grille en fer de l'arsenal de Cherbourg**, par MM. Gandillot et C¹⁰.
5618	85. **Machine locomobile** de M. Farcot, constructeur-mécanicien à Saint-Ouen près Paris.	5650	117. **Culée-poterne d'un pont tournant**, partie inférieure, pouvant se raccorder avec le n° 104, qui en est la partie supérieure.
5619	86. **Type des Wagons-postes** employés sur les lignes des chemins de fer français.	5651	118. **Presse à vermicelle**.
5620	87. **Omnibus américain de la voie ferrée**, allant de la place de la Concorde à Saint-Cloud.	5652	119. **Pignon de meule à friction**, par J. D. Girard.
		5653	120. **Tour à pointes et à engrenages**.
5621	88. **Élévation d'une voiture-coupé à quatre places**.	5654	121. **Presse hydraulique**.
5622	89. **Machine-locomotive** à cylindres extérieurs et à six roues couplées pour le service des fortes rampes.	5655	122. **Scierie verticale à plusieurs lames**, débitant deux madriers à la fois, de MM. Bernier aîné et F. Arbey (vue de côté).
5623	90. **Machine-locomotive pour le service des Chantiers et des Mines**, construite par MM. Lebannour et Petou, ingénieurs-mécaniciens.	5656	123. **Pont et passerelle sur le canal Saint-Martin**.
		5657	124. **Turbine** de M. L. D. Girard.
		5658	125. **Scierie à lame sans fin pour scier droit, chantourner et découper**, de MM. Bernier aîné et F. Arbey.
5624	91. **Voiture-omnibus** faisant le service dans Paris, de la chaussée du Maine au chemin de fer du Nord.	5659	126. **Cisaille circulaire** de M. Robolet aîné.
5625	92. **Voiture-omnibus** faisant le service dans Paris, de la Chaussée du Maine à Ménilmontant.	5660	127. **Machine à mortaiser les bois à outil tournant**, avec appareil à équarrir les extrémités des mortaises, par MM. Bernier et F. Arbey (vue de face).
5626	93. **Wagon à voyageurs de première classe** (chemin de fer de l'Ouest).	5661	128. **Machine à mortaiser les bois à outil tournant** avec appareil à équarrir les extrémités des mortaises, par MM. Bernier et F. Arbey (vue de côté).
5627	94. **Voiture-omnibus** pour le transport des facteurs des Postes, faisant le service dans Paris.		
5628	95. **Machine locomobile** de M. Cail, constr.-mécanicien à Paris.	5662	129. **Pompe foulante à incendie** (système Letestu).
5629	96. **Dessin d'une machine à vapeur** pour bateau à deux cylindres de la force de 70 chevaux, par MM. Gache frères, de Nantes.	5663	130. **Fenêtre d'un hôtel du faubourg St-Honoré** (Architect.).
		5664	131. **Machine à faire les moulures droites à outils tournants** de MM. Bernier et F. Arbey.
5630	97. **Machine-locomotive mixte** du chemin de fer du Bourbonnais.	5665	132. **Scierie horizontale à placage et panneaux** de MM. Bernier et F. Arbey.
5631	98. **Wagon de deuxième classe à 4 compartiments** du chemin de fer de l'Ouest.		
5632	99. **Machine-locomotive à marchandises à 8 roues couplées** du chemin de fer du nord de l'Espagne.	5666	133. **Panneau en faïence** composé par M. Moreau, architecte (Architecture et ornementation).
5633	100. **Machine-locomotive** du chemin de fer du Nord pour fortes rampes, à 8 roues couplées, par M. Petiet.	5667	134. **Machine à vapeur d'alimentation**, dite Petit-Cheval de MM. Lebrun et Lévêque.
5634	101. **Machine à percer** mobile et universelle, mue mécaniquement.	5668	135. **Robinet-Vanne**, par MM. Lebrun et Lévêque.
5635	102. **Mouton à estamper** de M. F. Guinier.	5669	136. **Machine à cintrer les rails à froid** de MM. Rogé et Millet.

(Faisant suite aux n⁰⁵ 4556 à 4555 et 4629 à 4648 déjà catalogués.)

49 centimètres de hauteur sur 32 centimètres de largeur pour les motifs en hauteur et vice versa pour ceux en largeur

Prix de chaque feuille : 1 fr. 25 c

(LES AUTRES LIVRAISONS PARAÎTRONT A DES INTERVALLES DE TEMPS TRÈS-RAPPROCHÉS.)

| N° D'ORDRE | TITRES DES LITHOGRAPHIES | N° D'ORDRE | TITRES DES LITHOGRAPHIES |

ARCHITECTURE

ÉTUDES VARIÉES DE DESSIN LINÉAIRE
CHOIX DE MONUMENTS LES PLUS REMARQUABLES ET LES PLUS VARIÉS
DESSINÉS ET LITHOGRAPHIÉS PAR A. CHENEVEAU

DÉSIGNATION DES PLANCHES

N°	Titre	N°	Titre
5670	1. **Abattoirs** de Paris.	5694	25. **Chapelle d'une communauté religieuse** à Paris.
5671	2. **Corps de garde** à Paris.	5695	26. **Bibliothèque impériale**, rue Neuve-des-Petits-Champs (Paris).
5672	3. **Écuries et greniers à fourrages** (chemin de fer de Paris à Lyon).	5696	27. **Orangerie**, jardin du Sénat.
		5697	28. **Marché de Nancy**, pavillon d'entrée.
5673	4. **Abattoirs** de Paris.	5698	29. **Chemin de fer de Paris à Lyon**, gare de Paris, élévation d'une des salles d'arrivée.
5674	5. **Sacristie d'une église** à Paris.		
5675	6. **Pavillon de bains** dans un Asile impérial.	5699	30. **Confessionnal**, église Saint-Nicolas, à Paris.
5676	7. **Entrepôt** (chemin de fer d'Orléans).	5700	31. **Regard des eaux** de l'Institution impériale des Sourds-et-Muets à Paris.
5677	8. **Asile impérial de convalescents** (pavillon d'angle).		
5678	9. **Entrée d'un cimetière**.	5701	32. **Confessionnal** dans l'église Sainte-Geneviève (Panthéon) à Paris.
5679	10. **Station de chemin de fer** (ligne de Nantes à Châteaulin).	5702	33. **École impériale de dessin** à Paris (façade postérieure).
5680	11. **Hôtel de Sully** (portique sur le jardin).	5703	34. **Porte rustique** d'ordre toscan.
5681	12. **Entrée de la caserne du Prince-Eugène** à Paris.	5704	35. **Palais du Louvre**, avant-corps de la grande galerie.
5682	13. **Marché** à Paris.	5705	36. **Portail d'entrée** d'un grand hôtel à Paris.
5683	14. **Bâtiment d'octroi** à Paris.	5706	37. **Tombeau de François Ier** à Saint-Denis.
5684	15. **École primaire** à Paris.	5707	38. **Confessionnal** dans l'église de Saint-François-Xavier à Paris.
5685	16. **Salle d'école** à Paris (élévation sur l'extrémité).	5708	39. **Asile impérial de convalescents**.
5686	17. **Réservoir de distribution d'eau** à Paris.	5709	40. **Fontaine de la caserne des Petits-Pères**.
5687	18. **Remises à voitures et magasins**.	5710	41. **Mairie de Rosny**, environs de Paris.
5688	19. **Salle d'asile** pour les jeunes enfants.	5711	42. **Autel** dans l'église de Saint-Thomas d'Aquin à Paris.
5689	20. **Poste et logements** de surveillants.	5712	43. **Chaire à prêcher** dans l'église de Saint-Gervais, à Paris.
5690	21. **Entrée d'une caserne** à Paris.	5713	44. **Ministère de l'Intérieur**, entrée de l'hôtel du ministre.
5691	22. **Porte Saint-Martin** à Paris.	5714	45. **Porche d'une église** à Paris.
5692	23. **Château d'eau**, rue Racine, à Paris.	5715	46. **Galerie** au Collège de France.
5693	24. **Autel de la sainte Vierge** dans l'église Saint-Germain des Prés à Paris.	5716	47. **Banc d'œuvre**, église Saint-Louis-en-l'Ile, à Paris.
		5717	48. **Arc de Triomphe de l'Étoile** à Paris.

49 centimètres de hauteur sur 32 centimètres de largeur pour les motifs en hauteur et vice versa pour ceux en largeur

Prix de chaque feuille, 50 c.

SE CONTINUE TRÈS-ACTIVEMENT

NOUVEAUX MODÈLES D'ARCHITECTURE
RECUEIL DE CONSTRUCTIONS NOUVELLES EXÉCUTÉES D'APRÈS LES MONUMENTS ET LES DESSINS D'ARCHITECTES DISTINGUÉS
Ouvrage imprimé au trait, et en plusieurs couleurs, pour servir à l'étude du Lavis

DÉSIGNATION DES PLANCHES PARUES

N°	Titre	N°	Titre
5718	1. **Mairie de Rosny**, environs de Paris.	5722	5. **Église de la Trinité**, rue de Clichy, à Paris.
5719	2. **Église Notre-Dame**, à Rosny, près Paris.	5723	6. **Bâtiment d'école** à Paris, avec plan (VIIe arrondissement).
5720	3. **Corps de garde** à Paris, place de la Bastille.	5724	7. **Chapelle** d'une maison de santé (faubourg Saint-Denis.)
5721	4. **Station de chemin de fer**, ligne de Nantes à Châteaulin.	5725	8. **Maison de retraite** pour la vieillesse, à Paris.

65 centimètres de hauteur sur 51 centimètres de largeur, format des GRANDES ÉTUDES JULIEN.

Prix de chaque feuille au trait, 1 fr. 25 c.; au lavis, 2 fr. 50 c.

SE CONTINUE

NOUVELLES MAISONS DE CAMPAGNE
AVEC PLANS

PARIS ET SES ENVIRONS

NOUVEAU RECUEIL CONTENANT UN CHOIX DES PLUS JOLIS TYPES DE CONSTRUCTIONS NOUVELLES
EXÉCUTÉES AUX ENVIRONS DE PARIS
OU D'APRÈS LES DESSINS INÉDITS DE PLUSIEURS ARCHITECTES DISTINGUÉS

Avec prix approximatif selon la localité

OUVRAGE IMPRIMÉ EN PLUSIEURS COULEURS

DÉSIGNATION DES PLANCHES PUBLIÉES

N° d'ordre	Titres des lithographies	Prix	N° d'ordre	Titres des lithographies	Prix
5726	13. **Maison** genre Louis XV.	80,000	5756	43. **Maison** genre chalet.	25,000
5727	14. Genre chalet.	20,000	5757	44. **Maison** moderne.	18,000
5728	15. **Maison** genre Louis XIII.	25,000	5758	45. **Maison** à Paris (Batignolles-Monceaux), rue Sainte-Marie.	20,000
5729	16. **Maison** genre moderne.	25,000			
5730	17. **Maison** moderne.	30,000	5759	46. **Maison** genre mauresque.	25,000
5731	18. **Maison** exécutée à Vernon (Eure).	30,000	5760	47. Hôtel, rue de Villiers, n° 44, à Neuilly.	50,000
5732	19. Écurie pour 4 chevaux. Remise pour 2 voitures et pigeonnier.	20,000	5761	48. **Maison** genre chalet.	16,000
			5762	49. **Maison** genre Louis XIII.	25,000
5733	20. Chalet suisse.	15,000	5763	50. **Maison** moderne à Courcelles.	30,000
5734	21. **Maison** genre roman.	20,000	5764	51. **Maison** au Vésinet.	28,000
5735	22. Souvenir de Sébastopol.	28,000	5765	52. **Maison** italienne aux environs d'Enghien.	15,000
5736	23. **Maison** genre anglais.	30,000	5766	53. **Maison** genre anglais.	25,000
5737	24. Souvenir de Bourgogne.	40,000	5767	54. Habitation à Bourg-la-Reine.	16,000
5738	25. **Maison** au parc de Neuilly.	60,000	5768	55. Petite maison à Bougival.	10,000
5739	26. **Maison** genre Louis XIII.	50,000	5769	56. Petite maison moderne à Fontenay-aux-Roses.	16,000
5740	27. **Maison** au parc du Rainey.	40,000	5770	57. **Maison** allemande.	20,000
5741	28. **Maison** genre chalet.	25,000	5771	58. Pied-à-terre, près Sceaux.	20,000
5742	29. **Maison** à Montmorency.	25,000	5772	59. **Maison** près Saint-Cloud.	40,000
5743	30. **Maison** genre romantique.	25,000	5773	60. **Maison** genre Louis XIII.	25,000
5744	31. **Maison** à Neuilly.	50,000	5774	61. **Maison** à Nogent-sur-Marne.	15,000
5745	32. **Maison** genre moderne.	45,000	5775	62. **Maison** romaine à Chatou.	20,000
5746	33. **Maison** double au boulevard Pereire.	40,000	5776	63. **Maison** genre Louis XV.	12,500
5747	34. **Maison** au boulevard Pereire (Porte Maillot).	35,000	5777	64. **Maison** à Brunoy.	9,700
5748	35. **Maison** au parc de Neuilly (rue Perronnet).	30,000	5778	65. **Maison** aux environs de Sens (Yonne).	10,000
5749	36. **Maison** bourgeoise à Auteuil.	25,000	5779	66. **Maison** aux environs de Verdun.	12,000
5750	37. **Maison** moderne à Garches.	90,000	5780	67. **Maison** à Bezons.	12,800
5751	38. **Maison** moderne à Auteuil.	40,000	5781	68. **Maison** à Rosny.	10,500
5752	39. Projet de maison, parc du Rainey.	35,000	5782	69. Pavillon d'habitation à Livry.	8,000
5753	40. **Maison** moderne.	25,000	5783	70. **Maison** aux environs de Chevreuse.	9,500
5754	41. **Maison** triangulaire, genre moyen âge.	40,000	5784	71. **Maison** aux environs de Fontenay.	11,500
5755	42. **Maison** à Melun.	50,000	5785	72. **Maison** à Villeneuve-la-Guyard.	13,800

(Faisant suite aux n°° 4812 à 4825 du quatrième Supplément du Catalogue).

36 centimètres de hauteur sur 28 centimètres de largeur

Prix de chaque feuille, 1 fr.

CET OUVRAGE SE CONTINUE

	TITRES DES LITHOGRAPHIES

ANIMAUX

NOUVELLES ETUDES D'ANIMAUX, PAR GENGEMBRE

LITHOGRAPHIÉES AUX DEUX CRAYONS

5786	33. Cheval anglo-normand.		5790	37. Chien de Terre-Neuve.
5787	74. Chien de chasse.		5791	38. Lionne surprise.
5788	35. Chevaux de ferme.		5792	39. Lion sur sa proie.
5789	36. La Basse-Cour.		5793	40. La Prairie.

Faisant suite aux n°ˢ 3545 à 3576 déjà catalogués
Prix de chaque feuille, 1 fr. 50 c.; en couleur, 3 fr. 50 c.
Sur papier teinté de 49 c. de largeur sur 32 c. de hauteur
Format des *Petites études Julien*

5794

L'ART DU DESSIN

COLLECTION DE MANUELS ÉLÉMENTAIRES

PAR OU D'APRÈS

INGRES, HORACE VERNET, GROS, GUÉRIN, PAUL DELAROCHE, A. SCHEFFER, ISABEY, LÉON COGNIET, JULIEN, CALAME, ROSA BONHEUR, FÉROGIO GRENIER, GENGEMBRE, HUBERT, JACOTTET, VALÉRIO, BILORDEAUX, TRIPON, GROBON, VICTOR ADAM, MOZIN

PRIX DE CHAQUE ALBUM

Noir, cartonné ou broché	4 fr. 50	Colorié pour l'aquarelle, cartonné	7 fr. »
— demi-reliure, imitation toile	5 50	— demi-reliure	8 »
— relié toile	6 50	— relié toile	9 »

5795

PAYSAGES PAR JACOTTET

DEUXIÈME CAHIER formant un cours complet en 24 modèles, depuis les éléments les plus faciles jusqu'aux paysages terminés et aux deux crayons
COUVERTURES AVEC TITRES FRANÇAIS, ANGLAIS, ESPAGNOLS
16 c. de hauteur sur 22 c. de largeur

5796

FIGURES ET PAYSAGES PAR FÉROGIO

DEUXIÈME CAHIER formant un cours complet en 24 modèles, depuis les petits motifs élémentaires jusqu'aux paysages terminés toujours enrichis de petites figures
COUVERTURES AVEC TITRES FRANÇAIS, ANGLAIS, ESPAGNOLS
16 c. de hauteur sur 22 c. de largeur

5797

SUJETS DE GENRE PAR F. GRENIER

TROISIÈME CAHIER formant un cours complet en 24 modèles, depuis les traits les plus faciles jusqu'aux compositions terminées
COUVERTURES AVEC TITRES FRANÇAIS, ANGLAIS, ESPAGNOLS
16 c. de hauteur sur 22 c. de largeur

TITRES DES LITHOGRAPHIES

CARTES GÉOGRAPHIQUES ET ATLAS

NOUVELLE PUBLICATION

OUVRAGE APPROUVÉ PAR S. EXC. LE MINISTRE DE L'INSTRUCTION PUBLIQUE

ATLAS ILLUSTRÉ DE GÉOGRAPHIE

COMMERCIALE ET INDUSTRIELLE

PRÉSENTANT

LES GRANDES DIVISIONS PHYSIQUES, LA DISTRIBUTION GÉOGRAPHIQUE DES VÉGÉTAUX ET DES MINÉRAUX
LES VILLES INDUSTRIELLES ET USINES IMPORTANTES
LES PORTS COMMERCIAUX, LES CHEMINS DE FER ET LES PARCOURS DES PAQUEBOTS A VAPEUR, LES DÉCOUVERTES ET VOYAGES
FAITS DEPUIS LE NEUVIÈME SIÈCLE JUSQU'A NOS JOURS
LES COLONIES EUROPÉENNES DANS LES DIFFÉRENTES PARTIES DU MONDE

AINSI QUE DES TABLEAUX STATISTIQUES DONNANT

la population, la superficie territoriale, les produits industriels, les forces militaires, la marine
et la religion dominante de chaque pays, etc.

DRESSÉ PAR **A. VUILLEMIN**, GÉOGRAPHE

CARTES COMPOSANT L'ATLAS DE GÉOGRAPHIE COMMERCIALE ET INDUSTRIELLE

N° D'ORDRE			
5798	1. **Planisphère.**	5806	9. **Iles Britanniques** (Angleterre, Écosse, Irlande).
5799	2. **Europe.**	5807	10. **Allemagne.**
5800	3. **Asie.**	5808	11. **Espagne et Portugal.**
5801	4. **Afrique**	5809	12. **Suisse.**
5802	5. **Amérique du Nord.**	5810	13. **Russie d'Europe, Suède et Danemark.**
5803	6. **Amérique du Sud.**	5811	14. **Turquie d'Europe et Grèce.**
5804	7. **Océanie.**	5812	15. **Italie.**
5805	8. **France.**	5813	16. **Belgique et Hollande** (Pays-Bas).

Dimension, non compris la marge : 34 c. de largeur sur 60 c. de hauteur

PRIX DE CHAQUE CARTE

En feuille ou pliée et renfermée dans un cartonnage élégant. . . . . 1 fr. 75
Collée sur toile et découpée par damiers, avec cartonnage comme ci-dessus. 2 50
Collée sur toile, montée sur rouleaux, pour cabinet, classes, etc. . . . . 3 »

L'OUVRAGE COMPLET AVEC INTRODUCTION PAR M. A. VUILLEMIN

Relié, titre et ornements dorés : **32 fr.**

INTRODUCTION

Dans notre siècle de lumières et de progrès, la géographie ne pouvait rester en arrière des sciences parmi lesquelles elle occupe une place si importante : « Jamais, à aucune époque, le besoin de connaître la terre, ses climats, ses productions et ses habitants, ne se manifesta d'une manière plus énergique, chez les nations civilisées, que dans ces dernières années; » l'extrême développement qu'ont pris l'industrie et le commerce, les chemins de fer, la navigation à vapeur et le télégraphe électrique, en supprimant les distances, facilite les voyages, éveille au fond de l'imagination des désirs illimités de courses lointaines, de colonisation, de richesses à exploiter, de curiosités à satisfaire, et rend de plus en plus populaire l'étude de la géographie.

Ses rapports avec l'histoire, les arts et l'industrie nous ont fait

TITRES DES LITHOGRAPHIES

penser que les cartes géographiques, qui jusqu'à présent ne donnaient qu'un simple tracé des côtes, du parcours des fleuves, et une sèche nomenclature des noms propres, pouvaient être présentées sous un aspect plus intéressant et plus à la portée de l'intelligence de toutes les classes de la société.

L'accueil bienveillant que le public a fait à un planisphère conçu à un point de vue nouveau nous a encouragé à persévérer dans ces idées et à publier une série de nouvelles cartes présentant, par de nombreux détails empruntés à l'histoire, à la physique, à la botanique, à la minéralogie et à la statistique, les faits les plus intéressants de ces sciences dans leurs rapports avec la géographie.

Ces Cartes présentent pour la première fois réunies :

La Géographie physique, indiquant les grandes divisions naturelles en grands versants ou bassins hydrographiques formés par le relief des montagnes, déterminant la pente et la direction des fleuves et de leurs affluents, les innombrables contours des côtes et des îles, les accidents physiques survenus sur quelques parties du globe, ainsi que les faits les plus remarquables de l'histoire naturelle de chaque contrée.

La Géographie botanique, donnant les grandes cultures caractéristiques de chaque pays et présentant l'ensemble des grandes zones végétales de l'équateur aux pôles, depuis le dattier, le maïs, la canne à sucre et l'oranger des contrées équinoxiales, jusqu'à l'humble et pauvre végétation des lichens et des mousses des régions polaires.

La Géographie minéralogique, ou principales mines exploitées de houille, de fer, de cuivre, d'or et d'argent, qui constituent les richesses métallifères des États, les lieux remarquables par des sources minérales et établissements thermaux, ainsi que les salines les plus importantes.

La Géographie commerciale et industrielle, indiquée par une nomenclature choisie des villes industrielles, ports commerciaux et usines importantes, ainsi que le parcours des paquebots à vapeur, les routes principales, les chemins de fer et les canaux, ces grandes voies de communication de l'industrie et du commerce des grandes nations civilisées. Des tableaux statistiques donnent la superficie, la population, les produits industriels et artistiques, le commerce d'exportation, la marine marchande, etc., etc. Ils sont accompagnés de gravures présentant le tableau animé des costumes, des habitations, des instruments agricoles, des armes, des objets d'art et des produits de l'industrie de toutes les nations. Pour compléter ces intéressantes illustrations, on a donné le dessin exact des principales plantes alimentaires et caractéristiques de chaque contrée, le caféier, l'arbre à thé, la canne à sucre, le maïs, la pomme de terre, etc., etc., ainsi que celles qui sont propres à l'industrie, comme le cotonnier, la garance et le houblon.

La Géographie militaire, représentant sur ces cartes par des signes apparents faisant voir les places de guerre ou villes fortifiées, les ports militaires, les citadelles et forts qui défendent les frontières des États, ainsi que les lieux remarquables par des batailles ou des souvenirs historiques. Les forces militaires et la marine de guerre sont indiquées aux tableaux statistiques.

La Géographie des voyages, donnée par un planisphère présentant l'ensemble des voyages terrestres et maritimes, depuis les découvertes des navigateurs norvégiens au neuvième siècle, et des grandes découvertes faites aux quinzième et seizième siècles par les Portugais, jusqu'aux voyages récents de Barth, de Richardson, de Rebmann et de Livingstone dans l'Afrique centrale.

En présentant les cartes géographiques sous ce nouvel aspect, nous avons pensé rendre l'étude de la géographie plus attachante pour tout le monde. Le père de famille, le négociant et le chef d'institution apprécieront l'utilité et l'attrait de ces nouvelles cartes pour l'éducation des jeunes gens. A l'égard de la géographie comprise à ce point de vue, qu'il me soit permis de citer l'opinion de l'un des membres les plus distingués de la Société de géographie [1] :

« Pour qu'un art et une science parviennent à leur plus haute expression chez un peuple, pour qu'ils y portent les fruits qu'ils récoltent, il ne suffit pas qu'ils soient l'objet des travaux et du culte d'un certain nombre d'esprits supérieurs, il faut qu'ils y deviennent populaires.

« De nos jours, si la musique a compté de si grands maîtres en Allemagne et en Italie, c'est que la musique y est populaire aussi. On en peut dire autant de la mécanique en Angleterre et aux États-Unis. La Géographie n'est pas moins familière à ces deux nations. Dans quelque maison que l'on entre, soit habitation de la classe moyenne, soit même simple chaumière, il est bien rare de ne pas trouver une mappemonde suspendue aux murailles ou quelques livres de géographie occupant une place spéciale à côté des livres religieux de la famille. Ces livres ne sont pas de secs et arides traités de géographie, squelettes dénudés, faits pour dégoûter de cette science ; ce sont au contraire des ouvrages pleins de couleur et de vie, des ouvrages attrayants de géographie descriptive et pittoresque, offrant les tableaux les plus animés des sites, des mœurs, des costumes et des monuments de tous les peuples. De nombreuses gravures illustrent ces ouvrages, qui s'attaquent à tous les âges, qui prennent toutes les formes, depuis celle de l'alphabet à figures jusqu'aux amples dimensions des collections à livraisons nombreuses. Que, si, passant de l'examen des choses à celui des personnes, on observe l'usage que fait chaque famille de ces livres populaires, il est difficile de n'en être pas profondément touché, vivement attendri. En effet, pour peu que l'on attache des yeux attentifs sur ces familles réunies autour de la carte murale ou groupées pour entendre la lecture de quelque livre de géographie, on ne tarde pas à remarquer qu'il manque quelqu'un dans cette famille. C'est un père, un fils, un frère, un époux, un fiancé. Or, cet absent, soyez sûr que les spéculations de commerce, les chances périlleuses des grandes pêches ou la défense du pavillon national, le retiennent sur quelque mer lointaine, ou bien encore que, seul pour tous, il est allé tenter la fortune sur quelque terre étrangère. Des regards pensifs, des yeux humides de larmes, sont attachés sur le point de la carte où l'on suppose que vogue ou traverse cet objet de tant d'affections dans la mère patrie. La description que l'on écoute, la gravure que l'on contemple, leur offre du pays ou du site qu'il habite. C'est cette douce et aimable géographie que nous voudrions voir se propager en France...

« Nous voyons chaque année prodiguer, sur des ouvrages de pure imagination, le luxe de la gravure et de la typographie, que l'on fait descendre en leur faveur aux prix les plus modiques; ne serait-il pas possible de déverser un peu de cette prodigalité sur un ouvrage qui, bien fait, dépasserait en intérêt et en attrait les plus séduisantes conceptions de l'imagination ? Un tel livre créerait en France, à côté de la géographie savante dont cette Société occupe les sommets, ce que, pour faire comprendre d'un mot, j'appellerai la géographie du foyer domestique, la géographie du cœur. »

C'est avec plaisir que nous reproduisons ce discours remarquable d'une personne aussi éminente s'intéressant au progrès de la géographie. Heureux si nous pouvons mériter son approbation et les suffrages du public, et contribuer à rendre cette belle science populaire !

A. VUILLEMIN.

[1] Discours prononcé à la Société de géographie, le 27 avril 1854, par M. Lefebvre-Duruflé, sénateur.

TITRES DES LITHOGRAPHIES

5814

CARTE PITTORESQUE ET MARITIME DE LA FRANCE

INDIQUANT

LA DIVISION POLITIQUE ET ADMINISTRATIVE, LA STATISTIQUE, LA SUPERFICIE ET LA POPULATION DES DÉPARTEMENTS,
LA DISTANCE DE PARIS DE TOUS LES LIEUX IMPORTANTS, TOUS LES ÉTABLISSEMENTS ADMINISTRATIFS, CIVILS, JUDICIAIRES ET MILITAIRES, LES MINES EXPLOITÉES,
LES EAUX MINÉRALES, LES PRODUCTIONS ANIMALES ET VÉGÉTALES, LES PRODUITS LES PLUS REMARQUABLES DE CHAQUE LOCALITÉ
LES FABRIQUES ET MANUFACTURES IMPORTANTES, LES ROUTES AVEC LES DISTANCES LÉGALES ENTRE CHAQUE VILLE, LES CHEMINS DE FER
EXÉCUTÉS OU ARRÊTÉS, LES RIVIÈRES NAVIGABLES AVEC L'INDICATION DU POINT OÙ ELLES COMMENCENT A L'ÊTRE, LES PORTS MILITAIRES OU MARCHANDS
LES CANAUX, LES CURIOSITÉS NATURELLES, LES ANTIQUITÉS, ETC.

PAR A. M. PERROT

REVUE ET AUGMENTÉE, PAR A. VUILLEMIN, GÉOGRAPHE

Grandeur : 1^m 15 de largeur sur 90 c. de hauteur

Prix : en feuille ou plié et renfermé dans un cartonnage élégant. . . . . 3 fr. »
Collée sur toile, avec cartonnage comme ci-dessus. . . . . 6 »
Collée sur toile avec gorge et rouleau, et vernie, pour cabinet, classes, etc. . . . . 9 »

5815

NOUVELLE CARTE ROUTIÈRE DE LA FRANCE

DONNANT LES ROUTES IMPÉRIALES ET DÉPARTEMENTALES AVEC LES DISTANCES EN KILOMÈTRES
LES CHEMINS DE FER TERMINÉS ET CEUX VOTÉS PAR LES CHAMBRES, LES CANAUX, LES PRINCIPALES RIVIÈRES NAVIGABLES,
LES LIGNES DE BATEAUX A VAPEUR SUR L'OCÉAN ET LA MÉDITERRANÉE

Dressée par A. VUILLEMIN, géographe, gravée par DENAMÉ

Dimension : 92 c. de largeur sur 67 c. de hauteur

Prix : en feuille ou plié et renfermé dans un cartonnage élégant. . . . . 1 fr. 50
Collée sur toile, avec cartonnage comme ci-dessus. . . . . 4 »
Collée sur toile, montée sur gorge et rouleau, et vernie, pour cabinet, classes, etc. . 6 »

5816

NOUVEAU PLAN ILLUSTRÉ DE LA VILLE DE PARIS

AVEC LE SYSTÈME COMPLET DES FORTIFICATIONS ET FORTS DÉTACHÉS
LES NOUVELLES DIVISIONS EN 20 ARRONDISSEMENTS, LE TRACÉ DES NOUVEAUX BOULEVARDS ET DES RUES PROJETÉES D'APRÈS LES DOCUMENTS OFFICIELS

DRESSÉ PAR A. VUILLEMIN, GÉOGRAPHE

Dimension : 1^m 15 de largeur sur 0^m 90 de hauteur

Prix en feuille ou plié et renfermé dans un cartonnage élégant. . . . . 3 fr. »
Collé sur toile, avec cartonnage. . . . . 6 »
Collé sur toile, monté sur gorge et rouleau, pour cabinet, classes, etc. . . . . 9 »

PARIS. — IMP. SIMON RAÇON ET COMP., RUE D'ERFURTH, 1.

www.ingramcontent.com/pod-product-compliance
Lightning Source LLC
Chambersburg PA
CBHW030104230526
45471CB00003B/1253